ZEITREISE
ULM

MARTIN NESTLER

ZEITREISE ULM

Menschen, Orte und Ereignisse,
die Geschichte schrieben

SILBERBURG

INHALT

Die »Glaspyramide« von Gottfried Böhm – Neubau der Ulmer Stadtbibliothek aus dem Jahr 2004.

Stadtmauer am Donauufer mit Metzgerturm, dem »Schiefen Turm« von Ulm.

Flugapparat des »Schneiders von Ulm« – Nachbau im Inneren des Ulmer Rathauses.

VORWORT

Vieles, was in Ulm passierte, beeinflusste die Weltgeschichte. Hier fand man die frühesten Zeugnisse der Kunst. Das Fliegen erfand man hier sogar zweimal, jedes Mal emissionsfrei. Hier griffen Herzöge nach der deutschen Krone und Franzosen nach der Weltherrschaft. Hier entschieden kleine Spione über große Schlachten. Hier standen Pfahlbauten nicht auf Pfählen. Hier baute man eine Pfarrkirche mit dem höchsten Kirchturm der Welt und stellte alte Bischofsstädte in den Schatten. Hier kämpfte man um die rechte Ordnung und den richtigen Glauben. Hier durften Frauen schon im 16. Jahrhundert Ärztin werden. Und Revolutionen? Nun ja – ein bisschen, aber bitte nicht zu wild. Fleißig und erfinderisch war man in Ulm schon immer. Das ist Tradition von der Steinzeit bis in die Gegenwart. Am Anfang standen Flöten und Knöpfe, dann kamen Glocken, Pflüge und Feuerwehrleitern, und heute sind es Wasserstoffflugzeuge. Hier baute man das erste Stadttheater. Gott sei Dank, denn viele bedeutende Musiker oder Schauspieler begannen hier ihre Karriere, genauso wie zahlreiche Künstler und Maler. Viele stellten in Ulm zum ersten Mal aus.

Welche Personen und welche Ereignisse hier gemeint sind? In 48 Kapiteln gibt das Buch Antworten. Der Leser sei jedoch gewarnt: Eine Zeitreise durch die Ulmer Geschichte geht über eine lange Distanz. Rund 40 000 Jahre liegen vor ihm.

Der Autor ist mit diesem Vorwort am Ende seiner Zeitreise angekommen, denn das Vorwort schreibt man immer am Schluss. Es war eine spannende Reise, auch für jemanden, der sich mit der Ulmer Geschichte auskennt. Alle Leserinnen und Leser sind nun herzlich eingeladen – es gibt immer wieder Neues zu entdecken. Dieses Buch sei allen ans Herz gelegt, die sich für Ulm begeistern. Es will nicht die gesamte Stadtgeschichte lückenlos darstellen. Aber es soll Lust auf mehr machen, auf mehr Ulm.

Das Wahrzeichen Ulms ist der 1890 fertiggestellte Münsterturm – der höchste Kirchturm der Welt.

Löwenmensch, Venus und Flöte

Die Höhlen an Lone und Ach gehören zu den bedeutendsten archäologischen Fundstätten der Geschichte. Elfenbeinfiguren wie der Löwenmensch oder die Venus vom Hohle Fels sind die ältesten Kunstwerke der Welt. Flöten aus Tierknochen beweisen, dass hier Menschen die ersten Musikinstrumente erfanden.

Die ersten Ausgrabungen in den Höhlen im Lonetal fanden bereits 1861 statt. Der Paläontologe Oscar Fraas war auf der Suche nach Überresten von Höhlenbären und fand dabei auch Stein- und Knochenwerkzeuge. Durch diese Funde aufmerksam geworden, suchten die Forscher nun ganz gezielt nach menschlichen Spuren. Die Ausgrabungen bewiesen bald, dass die Höhlen hier und auch im Achtal seit der Steinzeit regelmäßig als Rastplätze benutzt wurden.

Die größte Funddichte weist eine Epoche auf, die vor ca. 43 000 Jahren begann. Damals wanderten die ersten modernen Menschen entlang der Donau nach Europa ein. Sie brachten eine eigene Kultur mit, die die Forscher nach ihrem ersten Fundort, dem französischen Aurignac am Rand der Pyrenäen, als Aurignacien bezeichnen und die die folgenden 10 000 Jahre prägen sollte. Ihre Bedeutung für die Menschheit wurde erst nach und nach deutlich.

Als Gustav Riek 1931 die Vogelherd-Höhle im Lonetal erforschte, erwartete er mit Sicherheit nicht mehr als die üblichen Steinzeitartefakte. Doch völlig überraschend fand er dann in den Schichten des Aurignacien elf kleine Figuren aus Elfenbein, keine größer als eine Hand: ein Pferd, ein Bison, Löwen, Mammute, und Fragmente einer menschenähnlichen Skulptur. Sie alle sind von bemerkenswerter künstlerischer Qualität. Inzwischen ist die Sammlung durch Nachgrabungen auf 22 Stück angewachsen. 1931 allerdings waren Rieks Funde eine Sensation. Etwas Vergleichbares hatte man bis dahin nicht entdeckt.

Sechs Jahre später begann Robert Wetzel, Althistoriker an der Universität Tübingen und NSDAP-Mitglied, in der Stadel-Höhle im Hohlenstein, nicht weit entfernt von der Vogelherd-Höhle, mit Ausgrabungen. Finanziert wurde die Kampagne aus Geldern der SS-Stiftung »Ahnenerbe«. Als Wetzel am 25. August 1939 die Arbeiten wegen des bevorstehenden Krieges einstellen musste, konnte er zufrieden sein. Zu seinen Funden gehörten ein Oberschenkelknochen eines Neandertalers, eine bis heute rätselhafte Bestattung von drei Köpfen im Eingangsbereich der Höhle und Knochenreste von rund 54 Menschen aus dem 5. Jahrtausend v. Chr. Dazu kamen noch mehrere Elfenbeinstücke, die man am letzten Grabungstag im letzten Grabungsmeter gefunden hatte. Wetzel deutete sie als Fragmente einer größeren Figur, erwähnte sie sogar

◀ Die Venus vom Hohle Fels: mehr als 35 000 Jahre alt, aber nur 6,6 Zentimeter groß.
▶ Replik einer Flöte aus einem Schwanenknochen, die Joachim Hahn im Achtal entdeckte.

kurz in einem Brief an einen SS-Offizier, kümmerte sich dann aber nicht weiter darum. Der Krieg verhinderte eine Auswertung der Grabung. Und nachdem Wetzels Karriere in Tübingen nach 1945 aufgrund seiner NS-Vergangenheit beendet war, übergab er die Funde 1961 dem Ulmer Museum.

Dort lagen sie zunächst jahrelang im Keller. Erst 1969 machte sich der Archäologe Joachim Hahn an eine Sichtung und Inventarisierung. Dabei stieß er auch auf die Elfenbeinfragmente. Wie Wetzel sah auch er, dass sie irgendwie zusammengehören mussten. Ein einzigartiges Puzzle nahm seinen Anfang. Bald war klar, dass es sich tatsächlich um eine Figur handelte. Immer mehr Teile tauchten auf: 1972 fanden sich noch welche in einem Tütchen in Wetzels früherem Büro in Tübingen, 1974 brachte eine Spaziergängerin kleinere Funde aus der Stadel-Höhle vorbei. 1988 war eine erste Restaurierung abgeschlossen. Der Oberkörper stellte einen Löwen dar, der Unterkörper war von einem Menschen.

Bei Nachgrabungen in der Stadel-Höhle kamen weitere Fragmente zutage. Mit ihnen konnte bei einer zweiten Restaurierung 2013 die Gesichtspartie des Löwenmenschen fast komplett wieder hergestellt werden. Mit ca. 40 000 Jahren ist er genauso alt wie die Funde von der Vogelherd-Höhle, allerdings mit 31,1 Zentimetern wesentlich größer.

Joachim Hahn ist nicht nur die Wiederentdeckung des Löwenmenschen zu verdanken. Er war es auch, der in den 1970er Jahren im Geißenklösterle bei Blaubeuren die ersten steinzeitlichen Musikinstrumente in den Schichten des Aurignacien fand. Von den drei Flöten waren zwei aus Vogelknochen und eine aus Elfenbein. Aufgrund von Versuchen weiß man mittlerweile, dass sich Instrumente aus Vogelknochen relativ einfach in kurzer Zeit herstellen lassen. Doch für die Flöte aus Mammutelfenbein benötigten die Menschen damals ca. 100 Stunden. Inzwischen sind weitere Flöten aus dem Hohle Fels und der Vogelherd-Höhle dazugekommen. Musik war damals offensichtlich schon ein fester Bestandteil im Leben der Menschen.

Seit 1997 kommen bei den Ausgrabungen regelmäßig Elfenbeinschnitzereien zum Vorschein. Und trotzdem gibt es immer wieder Überraschungen. 2008 entdeckten Nicholas Conard und sein Team eine nur 6,6 Zentimeter große Figur mit eindeutig weiblichen Attributen. Sie stammt aus der gleichen Epoche wie der Löwenmensch. Statt eines Kopfes hat sie einen Ring, damit man sie mit einer Schnur um den Hals tragen konnte. Die Venus vom Hohle Fels ist die älteste bekannte Frauenskulptur der Kunstgeschichte. Ein weiterer Superlativ unter all den bemerkenswerten Steinzeitfunden. Aber auch sie ist mittlerweile kein Einzelstück mehr. 2014 kamen noch zwei Fragmente einer weiteren weiblichen Skulptur dazu.

Nach all diesen Entdeckungen sieht die Wissenschaft längst nicht mehr jede einzelne Höhle als einen eigenen Ausgrabungsort, sondern begreift die Täler von Lone und Ach als einen zusammenhängenden Kultur- und Siedlungsraum, in dem sich Menschen über längere Zeit niedergelassen hatten. Anders lässt es sich nicht erklären, dass sie eine so große Zahl an Kunstwerken erschaffen konnten. Auch die Herstellung von Musikinstrumenten und die Beschäftigung mit Musik setzt eine gewisse Kontinuität in den Lebensbedingungen voraus. Über diese ist noch wenig bekannt, aber das Bild des primitiven Steinzeitmenschen, der rastlos auf der Jagd war oder Beeren sammelte, gehört endgültig der Vergangenheit an. 2017 nahm die UNESCO die Sirgensteinhöhle, das Geißenklösterle, den Hohle Fels sowie die Vogelherd-Höhle, die Bocksteinhöhle und den Hohlenstein wegen ihres »außergewöhnlichen universellen Wertes« in die Welterbeliste auf.

▲ Der Löwenmensch ist der bekannteste Fund aus dem Lonetal, zu sehen im Ulmer Museum.
▼ Ein Mammut aus Elfenbein, eine der Kleinplastiken aus Rieks Grabung in der Vogelherd-Höhle.

3955 v. Chr.

Knöpfe?

Die prähistorischen Pfahlbauten rund um die Alpen gehören zum Welterbe der UNESCO. Die nördlichste davon ist die Steinzeitsiedlung bei Blaustein-Ehrenstein. Die stand zwar nicht auf Pfählen, aber immerhin am Wasser. Ihre Bewohner liebten es, Löcher in runde Kalksteine zu bohren.

Am 1. März 1952 kam der Landesgeologe Paul Groschopf zufällig in dem kleinen Ort Ehrenstein westlich von Ulm an einer Baustelle vorbei. Er entnahm einige Bodenproben und unterhielt sich mit Arbeitern. So erfuhr er, dass hier ein Absetzbecken für den Steinbruch auf der anderen Talseite entstehen sollte. Groschopf bat die Arbeiter, ihn zu verständigen, wenn sie auf prähistorische Funde stießen. Tatsächlich fanden sie einige Tage später Tonscherben. Groschopf informierte sofort Mitarbeiter des Ulmer Museums, die die Baustelle untersuchten. Offensichtlich war man auf die Überreste einer Steinzeitsiedlung gestoßen. Auf Initiative des Stadtrates Kurt Fried bewilligte die Stadt Ulm für die notwendige Ausgrabung 6000 Mark, eine für damalige Zeiten stattliche Summe.

Doch mit dem Grabungsbeginn mussten die Archäologen Oscar Paret und Hartwig Zürn trotzdem noch warten. Der hohe Grundwasserspiegel war Segen und Fluch zugleich. Er hatte die Funde über Jahrtausende hin konserviert, behinderte jetzt aber ihre Bergung. Im Sommer sank er so weit ab, dass man unter Einsatz von Pumpen an die Siedlungsreste kam. Die Kampagne dauerte von August bis November 1952. Zu einer zweiten Grabung zwangen 1960 Straßenbauarbeiten, 2014 fand eine kleinere Sondierungsgrabung statt. Dokumentiert ist bis heute trotzdem nur ein kleiner Teil der Siedlung.

Immerhin kennt man inzwischen ihre Größe. Erkundungsbohrungen, an denen anfangs auch noch Paul Groschopf beteiligt war, ergaben eine ovale Fläche von 110 auf 100 Metern. Die Bewohner hatten alles rational durchgeplant und mit möglichst wenig Aufwand umgesetzt. Ergraben wurden 15 Häuser. Die meisten davon waren mit fünf auf acht Meter gleich groß und hatten zwei Räume – im vorderen gab es einen Backofen, im hinteren eine Feuerstelle. Daneben fanden sich auch kleinere Häuser mit 4,5 auf 4,5 Metern Grundfläche und nur einem Raum oder größere mit sechs auf neun Metern und drei Räumen. Alle hatten mit der Giebelseite eine Nord-Süd-Ausrichtung und standen in parallelen Reihen. Aufgrund dieser Befunde gehen die Archäologen davon aus, dass das Dorf etwa 50 Wohnhäuser und Vorratshütten hatte.

Anhand der entdeckten Keramik lässt es sich der Schussenrieder Kultur zuordnen, so benannt nach ihrem ersten Fundort im Hochmoor bei Bad Schussenried. Die Holzfunde datieren auf die Zeit zwischen 3955 v. Chr. und 3840 v. Chr. Die Siedlung bestand also etwas mehr als hundert Jahre. Angelegt wurde sie mitten in einem Auwald an einem Bach oder einem Seitenarm der Blau. Trotz des feuchten Bodens errichtete man keine Pfahlbauten. Als Fundament für

Krug aus Blaustein-Ehrenstein mit Ornamenten, wie sie in der Schussenrieder Kultur üblich waren.

die Hütten dienten zwei Lagen Erlenstämme. Die schlug man anfangs direkt auf der Siedlungsfläche. Bäume, die man nicht als Bauholz brauchte, ließ man einfach zwischen den Häusern stehen. Auf die Erlenstämme brachte man einen Estrich aus Lehm auf. Die Wände waren entweder aus Spalthölzern oder aus Flechtwerk mit Lehmverputz. Äste und Rinde, die man beim Bau nicht benötigte, wurden als Unterlage bei der Befestigung der Dorfstraßen verwendet.

Nach einigen Jahren waren die Holzfundamente in dem feuchten Untergrund verfault. Eine Reparatur lohnte sich nicht. Die Bewohner rissen das Haus einfach ab und legten auf die alten Fundamente neue Stämme. Auf diese Weise entstanden Fundamentschichten von bis zu zwei Metern Stärke. Nachgewiesen wurden außerdem vier Brandschichten, die Rätsel aufgeben. Im Brandschutt fand man keine Haushaltsgegenstände. Hatten die Bewohner die Häuser zuvor leergeräumt und dann die ganze Siedlung absichtlich angezündet, um sie nachher wieder neu aufzubauen? Beweisen lässt sich diese These bis heute nicht.

Neben den üblichen Gebrauchsgegenständen fanden die Archäologen außerdem in jedem Haus zahlreiche unterschiedlich große Kalksteinscheiben. Oscar Paret nannte sie, als er sie bei der Grabung 1952 zum ersten Mal sah, Knöpfe. In der Tat haben sie auf den ersten Blick viel Ähnlichkeit damit. Alle sind mehr oder weniger rund geschliffen und haben in der Mitte zwei Löcher. Auf der Vorderseite sind sie mit Ritzungen, in die Holzpech gestrichen wurde, verziert. 25 Stück kamen 1952 zutage, 1960 waren es 169. Die Fundstücke dokumentieren lückenlos alle Fertigungsschritte. Ihre Durchmesser schwanken zwischen 2,5 und 13 Zentimetern. Die Größeren wurden vermutlich allein schon wegen ihres Gewichtes nicht als Knöpfe verwendet. Vielleicht kamen sie bei Kleidungsstücken wie Gürtel oder bei Mänteln zum Einsatz, oder sie wurden als Schließen bei Verschnürungen benutzt. Das lässt sich aus den Gebrauchsspuren folgern: Die fertigen Scheiben weisen auf der Vorderseite Abriebspuren zwischen den Löchern und auf der Rückseite von den Löchern hin zum Scheibenrand auf. Die können nur von einer Schnur oder einem Lederriemen stammen. Seltsamerweise finden sich die Kalksteinscheiben bis auf drei Ausnahmen nur in dieser Siedlung. Warum diese »Knöpfe« nur hier in dieser großen Zahl vorkommen? Ein weiteres Geheimnis dieser Siedlung.

Das Dorf bei Ehrenstein zählt heute zu den wichtigsten archäologischen Fundstätten Deutschlands. Zusammen mit 111 anderen Steinzeitsiedlungen rund um die Alpen hat sie die UNESCO 2011 in die Welterbe-Liste »Pfahlbauten« aufgenommen. Oscar Paret wäre mit dieser Bezeichnung sicherlich nicht einverstanden gewesen. Er vertrat die Meinung, Pfahlbauten habe es genau 88 Jahre gegeben, eben so lange, wie die Forschung an diesen romantischen Irrtum geglaubt habe. Tatsächlich spricht die Archäologie heute nur noch von Feuchtbodensiedlungen und trägt damit der Erkenntnis Rechnung, dass nicht alle Siedlungen dieser Kulturstufe auf Pfählen errichtet wurden. So ist auch das Dorf bei Ehrenstein genau genommen nur eine Feuchtbodensiedlung. Wenn es trotzdem als die nördlichste Pfahlbausiedlung im Alpenvorland in der UNESCO-Liste geführt wird, dann liegt es daran, dass diese Bezeichnung populärer ist.

▲ Halsketten aus Tierzähnen und Muscheln waren damals als Schmuck sehr beliebt.
▼ Vorderseite einer Kalksteinscheibe, mit Ritzungen am Rand und doppelter Bohrung.

2300 v. Chr.

Die erste Ulmerin stellt sich vor

Die Ausgräber staunten nicht schlecht. Dass der Ulmer Münsterplatz ein archäologisches Eldorado ist, das wussten sie längst. Ihre Funde reichten von mittelalterlichen Grubenhäusern bis hin zu den Fundamenten der Stadtmauer und des Franziskanerklosters. Fehlte nur noch die Steinzeit.

Das änderte sich völlig überraschend 1989. Zwei Jahre zuvor hatte die Stadt Ulm beschlossen, den Münsterplatz neu zu gestalten. An die Stelle des Verkehrspavillons sollte das neue Stadthaus von Richard Meier treten. Doch bevor es so weit war, hatten hier die Archäologen das Sagen. 1988 begannen die Ausgrabungen im östlichen Bereich des inzwischen abgebrochenen Verkehrspavillons. Zum Vorschein kamen Bestattungen des Barfüßerfriedhofes, die Reste des Chors der Barfüßerkirche und der angrenzenden Konventgebäude. Und genau hier, teilweise noch unter dem Fundament der Konventmauer, quasi im Windschatten aller anderen Funde und über die Jahrtausende trotz der intensiven Siedlungstätigkeit nicht zerstört, fanden die Archäologen ein Grab aus der Jungsteinzeit.

Es lag zwei Meter unter dem Asphalt des früheren Parkplatzes. Die Grabgrube selber war nur 30 bis 35 Zentimeter tief. Bestattet war hier eine Frau. Ihr Alter schätzen Anthropologen auf 20 bis 40 Jahre. Es handelte sich um ein typisches Grab der Glockenbecherkultur, ersichtlich an der Körperhaltung und den Grabbeigaben. Die Frau war in Hockerstellung beigesetzt, die Füße im Norden, den Kopf im Süden mit Blickrichtung nach Osten. An Keramik fanden sich zwei Becher in der namengebenden Glockenbecherform sowie 20 V-förmige Beinknöpfe, die vermutlich zu der längst vergangenen Kleidung gehörten. Die Frau starb wahrscheinlich 2300 v. Chr.

Hinweise auf weitere Bestattungen oder sogar eine Siedlung aus dieser Zeit fanden sich nicht. Das hätte auch niemand erwartet. Diese Art Gräber sind meistens Einzelbestattungen. Siedlungen aus der Glockenbecherkultur sind kaum bekannt. Sie ist ein Phänomen, auf das man in ganz Europa stößt und für das es noch keine schlüssige Erklärung gibt. Die einen sehen ihren Ursprung in Spanien, andere am Niederrhein oder in Ungarn. Doch größere geschlossene Siedlungsräume einer spezifischen Glockenbecherkultur hat man in diesen Teilen Europas nicht nachweisen können. Man findet sie stets in Verbindung mit Siedlungen anderer Kulturen. Waren diese Menschen vielleicht Spezialisten, deren Wissen am Übergang zur Bronzezeit bei ihren Zeitgenossen besonders gefragt war? Zogen sie deshalb durch ganz Europa? Findet man deshalb meistens nur ihre Gräber? Doch wo entstanden dann ihre typischen Glockenbecher, und warum benutzten sie überhaupt eine eigene Keramikform? Oder handelte es sich hier um eine neu entstehende Oberschicht, die sich durch besondere Attribute, eben durch jene Glockenbecher oder bei Männern durch Pfeil und Bogen von der übrigen Bevölkerung unterschied?

Das Grab der ältesten Ulmerin wurde von den Archäologen vollständig geborgen und ist heute im Ulmer Museum ausgestellt.

Links im Bild zwei Glockenbecher, wie sie auch im Grab auf dem Münsterplatz gefunden wurden.

1. Jahrhundert

Das Kastell an der Iller

In unzähligen Feldzügen unterwarfen die Römer die Völker rund ums Mittelmeer und in Gallien und Britannien. Ihre Herrschaft in den neu geschaffenen Provinzen sicherten sie mit Kastellen und Kolonisten. Die Errichtung des Lagers bei Unterkirchberg bedeutete auch für den Ulmer Raum eine Zeitenwende.

Lange interessierten sich die Römer nicht für das Gebiet nördlich der Alpen. Von seinen Bewohnern kannten sie nicht einmal die Namen. Einmal heißen sie in den Quellen Räter, dann wieder Vindeliker. Als Augustus das römische Weltreich neu ordnete, war das Alpenvorland plötzlich von besonderer strategischer Bedeutung. 15. v. Chr. eroberten seine Stiefsöhne Tiberius und Drusus die Gebiete südlich der Donau, da sie die kürzeste Verbindung zwischen dem römischen Gallien und den Balkanprovinzen waren.

Beim Aufbau der neuen Provinz Rätien gingen die Römer nach einem festen Plan vor. Erst befestigten sie Straßen, dann folgten Militärlager und Siedlungen. Mitte des ersten Jahrhunderts erreichten sie mit ihren Baumaßnahmen die Donau. Eine neue Römerstraße südlich des Flusses verkürzte die Reisezeit zwischen Oberrhein und Balkan im Vergleich zur bisherigen Verbindung am Fuß der Alpen noch einmal deutlich. Die Militärlager des Donau-Limes sicherten diese wichtige Ost-West-Verbindung ab. Eines von ihnen ist das Kastell auf dem Plateau nördlich von Unterkirchberg, das auch die Straße entlang der Iller zu den Alpenpässen überwachte. Westlich davon entstanden die Lager bei Emerkingen und Rißtissen, im Osten lagen die Kleinkastelle von Burlafingen, Nersingen und Günzburg.

Grundriss und Ausdehnung des Lagers Unterkirchberg kennt man nur von Luftbildern. Aus zwei kleineren Grabungen 1928 und 1973 weiß man, dass es sich um eine Holz-Erde-Konstruktion handelte, die insgesamt dreimal umgebaut wurde. Vermutlich war hier eine 500 Mann starke Reitereinheit stationiert, denn es gibt Hinweise auf einen Reitplatz. Den Machtkampf nach dem Tod Kaiser Neros im Jahr 68 überstand es, anders als die meisten Kastelle entlang der Donau, unbeschädigt.

Vor den Toren des Kastells entstand als erste römische Siedlung in der Gegend das Lagerdorf, der *vicus*. Dann folgten im zweiten Jahrhundert Gutshöfe, *villae rusticae*, entlang der Iller und in Richtung Ehingen und Langenau. Sie gehörten vermutlich Veteranen, die nach ihrem Ausscheiden aus dem Militärdienst mit Landbesitz entlohnt wurden. Zu diesem Zeitpunkt verlief die Grenze des Römischen Reiches bereits auf der Schwäbischen Alb. Das Lager bei Illerkirchberg hatten man damals längst aufgegeben und die Reitereinheit nach Heidenheim verlegt. Den Truppenabzug hat das Lagerdorf nicht lange überlebt. Ihm fehlte die wirtschaftliche Basis, um sich wie Augsburg oder Kempten zur Stadt entwickeln zu können.

Die Germaneneinfälle ab 233 läuteten das Ende des Römischen Reiches in Süddeutschland ein. Am Ende des 3. Jahrhunderts waren Donau und Iller wieder Grenzflüsse. Jenseits davon ließen sich die Alamannen nieder. Römische Grenzbefestigungen aus dieser Zeit sind aber überraschenderweise aus dem Ulmer Raum bisher nicht bekannt.

▲ Keltischer Hortfund aus Langenau, aus der Zeit der römischen Eroberung im 1. Jh. v. Chr.

◀ Vorderseite einer Goldmünze mit dem Bildnis des Kaisers Domitian (81–96 n. Chr.).

▶ Auf der Rückseite symbolisiert eine trauernde Frauengestalt die besiegten Germanen.

4. Jahrhundert

Bauarbeiter wundern sich

Die Anfänge Ulms liegen im Dunkel der Jahrhunderte nach dem Untergang des Römischen Reiches. Kein Chronist berichtet darüber, was damals an Donau und Iller passierte. Wenig weiß man über die ersten alamannischen Siedlungen aus dieser Zeit. Anhaltspunkte findet man nur in der Erde, wenn man sie denn erkennt.

Je mehr Tote sie fanden, umso unruhiger wurden die Männer. Anfang Dezember 1857 sollten sie im Akkord am Fuß des Kienlesberges den Boden für neue Gleisanlagen abtragen. Da blieb nicht viel Zeit, sich Gedanken zu machen. Die Skelettreste hielten sie anfangs für Tote aus den zahlreichen Kriegen, in die Ulm während seiner Geschichte immer wieder verwickelt war. Als dann aber noch Schwerter und andere Waffen zutage kamen, informierten sie den Bahnhofsinspektor von Misani. Der schickte nach Conrad Dietrich Haßler, dem Vorsitzenden des Altertumsvereins. Haßler war schnell klar, dass er hier ein alamannisches Gräberfeld vor sich hatte. Die Arbeiter hatten zu diesem Zeitpunkt schon rund 160 Skelette, darunter auch das eines Kindes, aufgedeckt. Bis Februar 1858 konnte Haßler noch 153 Bestattungen dokumentieren und die Beigaben sicherstellen. Im März und April wurden von M. Aberle im Auftrag des Festungskommandanten Graf Wilhelm von Württemberg weitere hundert Gräber geöffnet. Haßler war damals nicht in Ulm und sah die Funde nach seiner Rückkehr nur kurz, bevor sie in der gräflichen Sammlung verschwanden. Von Aberle gab es nur eine kurze handschriftliche Notiz über die Ausgrabung. Insgesamt hatte man bis zum Ende der Bauarbeiten mehr als 450 Bestattungen gefunden.

Haßlers Dokumentation liefert aufschlussreiche Erkenntnisse über die frühe Besiedlung des Ulmer Stadtgebietes. 19 Urnen, eine im 4. Jahrhundert übliche Bestattungsform, und eine Münze Kaiser Constantius II. belegen, dass der Friedhof von den Alamannen angelegt wurde, als auf der anderen Seite der Donau noch Römer lebten. Die meisten Körperbestattungen enthielten Grabbeigaben. Gefunden wurden auch römische Gläser. Die ältesten stammen aus dem 5. Jahrhundert. Vielleicht waren sie Importware aus dem Rheinland, oder es handelte sich um Kriegsbeute. Bei einigen männlichen Skeletten stellte Haßler Verletzungen durch Hiebwaffen fest. Eindeutige christliche Bezüge fehlen völlig. Daraus lässt sich folgern, dass die Nutzung des Friedhofes mit dem 7. Jahrhundert endete. Um diese Zeit erfolgte unter fränkischer Herrschaft die Christianisierung der Alamannen. Bestattungen danach enthalten in der Regel keine Grabbeigaben mehr und erfolgten normalerweise bei einer Kirche. In Ulm stand diese vermutlich seit dem 7. Jahrhundert auf dem Alten Friedhof.

Alamannische Siedlungsspuren hat man inzwischen nicht nur auf dem Weinhof, sondern auch auf dem Grünen Hof gefunden. Die Funde auf dem Weinhof datieren aus dem 7. Jahrhundert, die auf dem Grünen Hof könnten bis ins 5. Jahrhundert zurückgehen. Sie passen damit zeitlich sowohl zu Haßlers Gräberfeld wie auch zu den auf dem Münsterplatz entdeckten alamannischen Bestattungen. Hier weisen allerdings nicht mehr alle Gräber Beigaben auf. Sie stammen vermutlich aus der Übergangszeit vor Abschluss der Christianisierung.

Die Fundstücke aus dem alamannischen Gräberfeld am Kienlesberg. Zeichnungen von C. D. Haßler.

854

Die königliche Pfalz

Der Streit zwischen den Mönchen aus St. Gallen und dem Bischof von Konstanz dauerte schon Jahre, als er endlich durch den Karolinger Ludwig den Deutschen auf einem Hoftag entschieden wurde. Die von ihm darüber ausgestellten Urkunden im Klosterarchiv erwähnen zum ersten Mal eine Pfalz mit dem Namen Ulm.

Die Mönche hatten Bischof Salomon I. die Abgaben verweigert. Sie begründeten ihr Verhalten mit der Rechtsstellung ihres Abtes Grimald. Der, da er nicht wie üblich vom Konvent gewählt, sondern vom König eingesetzt worden war, sei nun ihr Lehensherr, nicht der Konstanzer Bischof. Zwei Herren könnten sie nicht dienen. Und da Grimald gleichzeitig Kanzler Ludwigs des Deutschen war, gab Salomon I. gegen eine entsprechende Abschlagszahlung lieber nach. Als sich die Kontrahenten nach längeren Verhandlungen 854 in Ulm einfanden, fehlte nur noch die Bestätigung durch den König. Drei Urkunden sind darüber erhalten. In der ersten erklärt Ludwig den Streit für beendet. In der zweiten bestätigt er St. Gallen, dass es nur noch an den König Abgaben zu entrichten habe. Beide wurden am 22. Juli 854 ausgestellt. In der dritten, für die kein Datum überliefert ist, befahl er den alamannischen Großen, die Rechte des Klosters zu schützen. Die königliche Entscheidung brachte St. Gallen eine Rangerhöhung. Es stand nun als Reichsabtei auf der gleichen Stufe wie der Bischof von Konstanz. Grund genug, diese Urkunden »actum Hulmam palacio regio«, »gegeben in der königlichen Pfalz Ulm«, sorgfältig aufzubewahren. Der Mönch Ratpert berichtet Jahre später, dies habe sich in einer »villa, qui dicitur Ulma«, in einem »Gutshof, den man Ulma nennt«, zugetragen.

»Hulma«, »Ulma«, der Name war also den Zeitgenossen geläufig, und sicherlich auch seine Bedeutung. Unter den Historikern sorgte er dagegen immer wieder für Diskussionen. Inzwischen ist man sich einig, dass das Wort so viel wie »feucht« oder »sumpfig« bedeutet und die Landschaft am Einfluss der Blau in die Donau und die Donaufurt beschreibt.

Über beiden Flüssen thronte auf dem Weinhofberg die befestigte Pfalz. Wann Ulm in den Besitz der Karolinger kam, lässt sich nicht genau sagen, aber vermutlich bereits im 8. Jahrhundert, als sie Alamannien ihrer Herrschaft unterwarfen. Doch wie muss man sich die Pfalz im Jahr 854 vorstellen? Mit Sicherheit gab es ein großes Gebäude mit genügend Platz für Versammlungen sowie Schlafmöglichkeiten für den Hof und höhergestellte Gäste. Für die Gottesdienste gab es eine Kapelle. Ihre Reste hat man unter dem Schwörhaus ausgegraben. Die anderen Gebäude auf dem Pfalzgelände wurden landwirtschaftlich genutzt. Die Abhaltung eines Hoftages war im 9. Jahrhundert eine logistische Herausforderung. Die Versorgung einer großen Menschenmenge konnte nur über eine gut geplante Vorratshaltung und mit dem Ertrag großer Ländereien sichergestellt werden, die man zuvor bei den besiegten Alamannen beschlagnahmt hatte.

Mit Ludwig dem Deutschen begannen die Königsaufenthalte in Ulm. Mindestens siebenmal stellten ostfränkische Herrscher bis 916 hier Urkunden aus oder hielten Hof. Wahrscheinlich waren sie jedoch wesentlich öfter in Ulm.

▲ Ludwig der Deutsche und seine Söhne. Aus einer französischen Chronik des 14. Jh.
▼ Wandalbert von Prüm überreicht Ludwig dem Deutschen sein Martyrologium.

Rex rogat Abbatem / Mathildim supplicat atq;

1076

Heinrich IV. muss nach Canossa

Heinrich IV. war bereits für seine Zeitgenossen eine umstrittene Person. Die einen sahen in ihm den von Gott eingesetzten legitimen Herrscher, die anderen verurteilten seinen Lebenswandel und seine Unterdrückung der Kirche. Legendär ist sein Gang nach Canossa. Der nahm seinen Anfang in Ulm.

Heinrich IV. stürzte das Reich 1076 in eine schwere Krise. Ohne Zustimmung des Papstes hatte er in Mailand einen neuen Bischof eingesetzt. Gregor VII. belegte deshalb die königlichen Räte mit dem Kirchenbann. Heinrich IV. ließ den Papst daraufhin auf einer Kirchenversammlung Anfang 1076 absetzen. Doch als Gregor VII. nun auch den König exkommunizierte und alle seine Untertanten von ihrem Treueid entband, sagten sich immer mehr Reichsbischöfe von Heinrich IV. los.

Im September 1076 traf sich der schwäbische Herzog Rudolf von Rheinfelden mit Welf von Bayern, Berthold von Kärnten, dem päpstlichen Legaten Altmann von Passau und anderen Bischöfen zu Beratungen in Ulm. Sie hatten genug von der selbstherrlichen Politik, den Intrigen und sexuellen Eskapaden des Königs und seiner Höflinge und beschlossen, ihn abzusetzen. Von Ulm aus schickten sie Gesandte an die anderen Großen im Reich und an den Papst. Die nächste Versammlung wurde für Oktober nach Trebur am Rhein vereinbart.

Heinrich IV., der auch anwesend war, erlebte ein Desaster. Innerhalb eines Jahres musste er sich vom Kirchenbann lösen, andernfalls würden die Fürsten einen neuen König wählen. Gleichzeitig luden sie Gregor VII. als Vermittler nach Deutschland ein. Um das zu verhindern, machte sich Heinrich IV. mitten im Winter auf den Weg nach Rom. In der Toskana, bei der Burg Canossa, traf er auf Gregor VII., der mittlerweile nach Deutschland unterwegs war. Drei Tage lang soll Heinrich IV. hier – angeblich barfuß – im Schnee vor dem Burgtor auf die Absolution des Papstes gewartet haben. Am 28. Januar 1077 gab Gregor VII. schließlich nach. Er loste den König vom Bann und verlangte einen Vergleich mit den Fürsten.

Damit hatte der Papst die Pläne Rudolfs und seiner Anhänger durchkreuzt. Anfang März trafen sich die drei süddeutschen Herzöge erneut in Ulm und luden die anderen Fürsten zu einer Versammlung nach Forchheim. Doch die hielten sich nun zurück. So wurde Rudolf von Rheinfelden am 15. März 1077 nur von einer Minderheit zum König gewählt.

Als Heinrich IV. wieder in Deutschland erschien, brach der Aufstand zusammen. Rudolf konnte nicht einmal das schwäbische Herzogtum verteidigen und flüchtete nach Sachsen. Ende Mai traf Heinrich IV. in Ulm ein. Hier setzte er Rudolf, Welf und Berthold als Herzöge öffentlich ab. In einer feierlichen Prozession zeigte er sich mit der Krone. Sein Weg führte ihn von der Kapelle auf dem Weinhof die heutige Neue Straße und Frauenstraße entlang zur alten Ulmer Pfarrkirche auf dem Alten Friedhof, wo er als rechtmäßiger König am Gottesdienst teilnahm.

Rudolf von Rheinfelden starb 1080 an Verletzungen, die er in einer Schlacht gegen Heinrich IV. erlitten hatte. Mit dem Wormser Konkordat endeten 1122 die Auseinandersetzungen zwischen Königtum und Papsttum. Heinrich IV., seit 1080 wieder im Kirchenbann, starb bereits 1105.

König Heinrich IV. bittet Markgräfin Mathilde von Canossa um Vermittlung bei Papst Gregor VII.

1134

Ulm brennt

Streitigkeiten wurden im Mittelalter selten vor Gericht gelöst. Je mächtiger die Kontrahenten waren, umso wahrscheinlicher trugen sie ihre Konflikte mit dem Schwert aus. Dann brannten die Bauernhöfe, wurden Burgen und Städte zerstört. Manche Siedlung ging so unter. Ulm hatte Glück.

Mit Heinrich V. starb 1125 das Königsgeschlecht der Salier aus. Seine nächsten Verwandten waren seine Neffen, die staufischen Brüder Friedrich und Konrad. Friedrich war schwäbischer Herzog, Konrad hatte reiche Besitzungen in Franken. Hinzu kam nun noch das salische Erbgut. Für Friedrich war es selbstverständlich, dass er seinem Onkel als König nachfolgen würde.

Aber auf der Wahlversammlung in Mainz entschieden sich die Fürsten anders und erhoben den sächsischen Herzog zum König. Lothar III. forderte nun die staufischen Brüder auf, das ihm zustehende Reichsgut herauszugeben. Doch das ließ sich so ohne weiteres nicht mehr vom salischen Erbe unterscheiden. Im schwäbischen Herzogtum waren die Besitzverhältnisse noch komplizierter. Um sein Amt überhaupt ausüben zu können, erhielt der Herzog vom König Lehen, wie z. B. Ulm. Gab er die zurück, dann war er nicht mehr regierungsfähig. Herzogsamt und Lehen waren untrennbar miteinander verbunden. Daher ignorierte Friedrich eine Vorladung Lothars III. Der verhängte darauf die Acht über ihn. Der staufische Anhang reagierte 1127 mit der Wahl Konrads zum Gegenkönig.

Lothar III. wartete lange mit einer Antwort auf die Provokation. Erst 1132 griff sein Schwiegersohn, der bayerische Herzog Heinrich der Stolze, als Vergeltung für einen Plünderungszug Friedrichs nach Ravensburg die staufischen Besitzungen rund um Ulm an. Die Quellen berichten, dass er die Vorstadt, die Wirtschaftshöfe und die Ernte in der Umgebung zerstörte. Die Pfalz selbst konnte er nicht einnehmen. 1134 kam er mit einem stärkeren Heer zurück. Gleichzeitig rückte von Norden Lothar III. an. Friedrich und Konrad, die sich ursprünglich in Ulm verschanzen wollten, blieb nur die Flucht. Um den Kampfeswillen der Einwohner zu stärken, nahmen sie zwölf Geiseln mit. Die Quelle nennt sie »praestantiores«, »Vorsteher«. Diese Personen gehörten also zur Ulmer Führungsschicht. Genützt hat das nichts. Ulm wurde erobert und niedergebrannt. Die Zerstörungen lassen sich noch heute bei archäologischen Ausgrabungen nachweisen. Die zeitgenössischen Chroniken berichten übereinstimmend, dass nur die Kirchen, also die Pfarrkirche und die Pfalzkapelle, verschont wurden. Über das Schicksal der Geiseln und der Verteidiger schweigen sie.

Die Zerstörung Ulms brach den Widerstand der Staufer. Noch im selben Jahr unterwarf sich Friedrich der Gnade Lothars III. Er durfte sein Herzogtum und die Ruinen von Ulm behalten. 1135 gab auch Konrad den Widerstand auf und legte den Königstitel ab.

In den ersten Jahren nach 1134 gab es in Ulm kein Leben mehr. Nach dem Tod Lothars III. 1138 wurde völlig unerwartet der Staufer Konrad zum König gewählt. Gemeinsam mit seinem Bruder baute er Pfalz und Siedlung wieder auf. Die Pfalz erhielt eine Steinmauer, die Vorstadt wenigstens einen Wall mit Holzpalisaden und Graben.

▲ Lothar III. übergibt einem Mönch des Klosters Vornbach ein Diplom. Handschrift 12. Jh.

▼ Der Staufer Konrad III. baute das zerstörte Ulm nach 1138 wieder auf.

LOTHARIUS
IMPR. III.

CUNRADUS REX

1222

Marquard, Notar

Nach dem Wiederaufbau erlebte Ulm unter den staufischen Kaisern und Königen einen bemerkenswerten Aufschwung. Die zahlreichen Herrscheraufenthalte machten die Bewohner reich und zogen die Reichsfürsten und Gesandte aus aller Welt an. Ulm war eine Bühne, auf der es sich lohnte zu repräsentieren.

Das älteste Gebäude Ulms ist das Steinhaus mit der Nikolauskapelle. Urkundlich erwähnt wird es zum ersten Mal 1222, als es sein Erbauer, der kaiserliche Notar Marquard, dem Kloster Salem schenkt. Marquard war nicht irgendwer. Zwischen 1195 und 1228 diente er fünf Königen und Kaisern als Kanzleischreiber. Er begleitete sie auf ihren Reisen durchs Reich und bis nach Süditalien. Otto IV. schickte ihn als Gesandten an die Kurie. Heinrich (VII.) nennt ihn in der Urkunde für Salem seinen »familiaris«, ein Titel, mit dem die Herrscher nur Personen ehrten, die ihr vollstes Vertrauen genossen. Für seine treuen Dienste belohnte ihn der Vater Heinrichs (VII.), Kaiser Friedrich II., mit der Pfarrei Überlingen, einer Pfründe, die ihm ein gutes Einkommen sicherte.

Doch wer im Mittelalter reich und angesehen war, von dem erwartete man auch, dass er es zeigte. Marquard tat es in einer seiner Position angemessenen Weise. Er stammte aus der großen Familie »de Ulma«, die trotz der Namensähnlichkeit mit großer Wahrscheinlichkeit nicht aus Ulm kommt. Ihre Mitglieder finden sich seit dem 12. und 13. Jahrhundert in den Oberschichten nahezu aller süddeutschen Städte, in Esslingen, Tübingen, Augsburg, Schwäbisch Hall, Konstanz und Zürich. Aber trotzdem waren sie nur Ministeriale, unfreie Dienstleute der Staufer. Die Leibeigenschaft hatte Marquard als Geistlicher zwar hinter sich gelassen, aber adeliges Auftreten blieb ihm aufgrund seiner Abstammung nach wie vor verwehrt. So baute er um 1205 ein steinernes Haus mit einer Kapelle, denn solche Häuser waren Statussymbole in einer Zeit, in der sich nur die Könige und Bischöfe solche Gebäude leisten konnten. Und er baute es nicht an irgendeinem Ort, sondern in Ulm, dem staufischen Herrschaftszentrum in Süddeutschland.

Auch den Bauplatz dort hatte er mit Bedacht gewählt. Die Kreuzung Frauenstraße/Donaustraße und Neue Straße gab es schon im Mittelalter. Hier führten die Hauptverkehrswege durch Ulm, vom Leonhardstor im Norden Richtung Donaubrücke und vom Löwentor beim heutigen Stadthaus zum östlichen Stadttor auf der Höhe der Dreifaltigkeitskirche. Marquards Steinhaus war im 13. Jahrhundert noch von allen Seiten für jedermann gut sichtbar. Dass er seine Kapelle dem heiligen Nikolaus weihte, war ebenfalls kein Zufall, ist der doch der Schutzpatron der Reisenden und Kaufleute. Es ist wohl anzunehmen, dass der eine oder andere beim Betreten oder Verlassen der Siedlung hier ein Gebet sprach.

Marquard selbst war aufgrund seiner Verpflichtungen sicherlich nur selten in Ulm. Um 1240 ist er vermutlich gestorben. Das Wohnrecht im Steinhaus, das er sich bei der Schenkung an das Kloster Salem ausbedungen hatte, ging 1241 auf zwei Brüder Konrad und Heinrich »de Ulma« über – beide vermutlich Verwandte von ihm.

▲ Das Steinhaus des Notars Marquard entstand Anfang des 13. Jh. und ist das älteste Gebäude Ulms. ▼ Blick in die Nikolauskapelle, die Marquard mit dem Steinhaus baute.

13. Jahrhundert

Klöster und Spitäler

Im Mittelalter gab es keine staatlichen Institutionen, die sich um das seelische und körperliche Wohl der Menschen kümmerten. Das war allein Aufgabe der Kirche. Welche Orden, wie viele Klöster und Spitäler es in einer Stadt gab, sagt daher auch viel über ihre Größe und Bedeutung aus.

Lange waren die Pfalzkapelle und die Pfarrkirche »auf dem Felde«, »ennet velde«, die einzigen Kirchen in Ulm. Doch im 13. Jahrhundert änderte sich das in einem geradezu atemberaubenden Tempo. Niemals wieder wurden in der Stadt so viele Kirchen und Klöster innerhalb so kurzer Zeit gegründet. Hinzu kamen die Klosterhöfe der Abteien Salem, Kaisheim und Reichenau, von denen aus sie ihre Güter in der Umgebung verwalteten und die Lagerung und den Verkauf der landwirtschaftlichen Erträge organisierten.

Den Anfang machte Witigow von Albeck 1183 mit einem Spital für Arme und Pilger auf dem Michelsberg. Die Leitung übertrug er Augustiner-Chorherren aus Marbach bei Colmar. Er verzichtete auf alle seine Rechte an der Stiftung und den ihr übertragenen Gütern und behielt sich und seinen Erben lediglich die Vogtei vor. Das Spital bestand allerdings trotz dieser großzügigen Ausstattung nur bis 1215, dann gaben es die Chorherren auf und zogen mit Erlaubnis des Konstanzer Bischofs auf die Blauinseln westlich vor Ulm. Der Neubau mit Kreuzgang und der dem Erzengel Michael geweihten Kirche hieß im Volksmund bald in Anlehnung an das altdeutsche Wort Wengen, was so viel wie Aue, Wiese oder Insel bedeutet, Wengenkloster. Bei dem Namen blieb es auch, als das Chorherren-Stift im 14. Jahrhundert in die Stadt verlegt wurde. Die Bischofsurkunde nennt als Grund für den Umzug auf die Blauinseln, dass die Chorherren dadurch ihre »Wirtschaftsbetriebe« fördern wollten. Vielleicht beabsichtigten sie den Bau einer Mühle oder eines Hammerwerkes. Belege dafür gibt es aber nicht. Auf dem Michelsberg unterhielten sie noch eine Kapelle, die jedoch 1252 bereits so verfallen war, dass sie renoviert werden musste.

Ebenfalls im Westen vor der Stadtmauer lag die Niederlassung des Deutschen Ordens. Die Brüder des deutschen Hospitals zur heiligen Maria in Jerusalem, so der offizielle Name, hatten sich die Befreiung des Heiligen Grabes zur Aufgabe gemacht. Sie verbanden das ritterliche Ideal des Kampfes für den christlichen Glauben mit der Askese des Mönchtums. Diese Kombination machte den Orden vor allem für Adelige interessant. So ist es nicht erstaunlich, dass die Ulmer Niederlassung auf den Markgrafen Hermann V. von Baden zurückgeht, der nach 1216 seine umfangreichen Güter bei und in Ulm für das Seelenheil seines auf dem Kreuzzug umgekommenen Bruders dem Orden schenkte. Von Gebäuden ist zunächst noch nicht die Rede. Die gehen auf den Ritter Meinloh von Söflingen zurück, der 1226 das Ordenshaus und eine der Muttergottes geweihte Kirche im Bereich der heutigen Deutschhausgasse an der Blau errichteten ließ. 1281 war die Ulmer Kommende bereits so gewachsen, dass ein Frater Fridericus als Komtur, das entspricht im Kloster einem Abt oder Prior, die Geschäfte führte. Zu den Ulmer Bürgern hatten die Deutschherren aufgrund ihrer überwiegend adeligen Abstammung immer ein distanziertes Verhältnis.

Epitaph Krafft des Schreibers in der heutigen Dreifaltigkeitskirche, dem ehemaligen Dominikanerkloster.

Bei dem Bettelorden der Franziskaner, der 1229 aus Schwäbisch Gmünd nach Ulm kam, war das vollkommen anders. Die Minderbrüder, Minoriten, Medikanten, Barfüßer – um nur einige ihrer vielen Namen anzuführen – suchten den Kontakt zu den Stadtbewohnern, denn der Schwerpunkt ihres Ordens lag in der Seelsorge. Mit ihrem Armutsideal verkörperten sie für viele das wahre Christentum. In Ulm erhielten sie für ihr Kloster einen Bauplatz beim Löwentor – dem heutigen Stadthaus – zugewiesen, verbunden mit der Auflage, den Turm zur Verteidigung instand zu halten. Dass das Kloster trotz dieser besonderen finanziellen Herausforderung sehr schnell zu den wohlhabenderen in der Ordensprovinz Schwaben zählte, verdankte es vor allem der finanziellen Unterstützung einiger großer Patrizierfamilien. Die Rot, Krafft und Strölin hatten in der Barfüßerkirche ihre Grablegen, in der Hoffnung, so vom gottgefälligen Leben der Mönche auch für ihr Seelenheil zu profitieren. Die weniger Begüterten bemühten sich gegen eine Spende um ein Begräbnis auf dem Klosterfriedhof, der heute unter dem Pflaster des Münsterplatzes verborgen ist.

Die Franziskaner hatten auch an der Gründung des Klarissenklosters wesentlichen Anteil. Auf dem Gries am Donauufer östlich der Stadt bestand seit 1237 ein loser Zusammenschluss frommer Frauen. 1239 wurde daraus auf Betreiben des Magisters Albert das Kloster der Frauen vom Orden des heiligen Damian. Die von einer Mauer umgebene Niederlassung entwickelte sich unter seiner ersten Äbtissin Hedwig von Reisensburg schnell zu einem beachtlichen Anwesen mit Kapelle, Wohnhaus und Wirtschaftsgebäuden. 1258 zogen die Klarissen dann nach Söflingen um, wo ihnen Graf Hartmann IV. von Dillingen ein neues Kloster baute und das Dorf und alle seine Güter schenkte.

Nur zwei Spitäler gab es im 13. Jahrhundert in Ulm, bei einer stetig wachsenden Bevölkerung. Vom Heilig Geist Spital berichtet erstmals 1240 ein Schutzbrief Konrads IV. Tatsächlich dürfte es aber schon einige Jahre früher von den Ulmer Bürgern in der Gegend der heutigen Spitalhofschule gestiftet worden sein. Die Brüder vom Heiligen Geist kümmerten sich hier in beengten Verhältnissen um Kranke und Arme. Als 1297 das Gebäude abbrannte, reagierte die Bürgerschaft auf die Raumnot und spendete einen größeren Neubau. An der Frauensteige gab es 1246 ein Heim für Aussätzige. Später wurde daraus das Spital der Reichen Siechen zu St. Katharina, das sich im 14. Jahrhundert immer mehr zu einer Art Altenheim für Wohlhabende entwickelte.

Mit den Dominikanern kam 1281 der zweite große Predigerorden nach Ulm. Er ließ sich nicht weit vom ehemaligen Klarissenkloster nieder, auf dem Areal der heutigen Dreifaltigkeitskirche. Als Stifter wird Krafft der Schreiber genannt. In der erst 1305 geweihten Kirche unterhielten die Geßler, Ehinger und Ungelter Altäre. Im 14. und 15. Jahrhundert brachte das Kloster bedeutende Gelehrte hervor. Hier verbrachte der Mystiker Heinrich Seuse seine letzten Jahre, und hier verfasste Felix Fabri seinen Bericht über seine Pilgerfahrt nach Jerusalem.

▲ Die Kirche des Franziskanerklosters Anfang des 19. Jh. Gemälde von Michael Neher 1839.

▼ Kaiser Friedrich II. förderte im 13. Jh. den Aufstieg Ulms. Bildnis des Kaisers aus seinem Falkenbuch.

1241

Des Reiches Kammerknechte

Friedrich II. nannte die Juden in einem Privileg Kammerknechte. Er garantierte ihnen eine gewisse Autonomie in der Rechtsprechung, nahm ihr Eigentum in seinen Schutz und erlaubte ihnen, Handel zu treiben. Seine Steuerlisten geben Auskunft über die Größe ihrer Gemeinden in Deutschland.

Mit dem Begriff Kammerknechte, *servi camerae*, machte der Staufer deutlich, dass die Juden einzig und allein ihm unterstellt waren. In einer Gesellschaft, in der alle Nichtchristen außerhalb der Rechtsordnung standen, war die kaiserliche Autorität der einzige Schutz vor Übergriffen geistlicher und weltlicher Herren. Der hatte aber seinen Preis.

Im Reichssteuerverzeichnis von 1241 sind alle jüdischen Gemeinden mit ihren Abgaben verzeichnet. Die Gemeinde in Ulm, von deren Existenz man hier überhaupt zum ersten Mal erfährt, war mit sechs Mark Silber, wobei eine Mark 234 Gramm entspricht, sehr niedrig veranlagt. In anderen Städten zahlten sie das Zwanzig- bis Dreißigfache. Sehr groß kann sie damals also noch nicht gewesen sein. Wahrscheinlich hatten sich hier Händler und Geldverleiher niedergelassen. Sehr viele andere Berufe, die sie in Kontakt mit Christen gebracht hätten, erlaubten ihnen die Beschlüsse der Kirchenkonzile, an die sich auch Friedrich II. halten musste, nicht.

Das Judenviertel war vermutlich damals schon der heutige Judenhof. Ein von einer Mauer umgebenes Ghetto, wie es die kirchlichen Bestimmungen des 13. Jahrhunderts forderten, war es aber sicherlich nicht. Aus späteren Quellen weiß man, dass hier auch Christen wohnten. Den einzigen abgeschlossenen Bezirk bildete die Synagoge an der Ostseite des Platzes. Kenntlich waren die Juden an ihrer Kleidung, sofern die kirchlichen Vorschriften eingehalten wurden. Besonders markant war der spitze Hut. Von Anfang an war ihnen auch verboten, christliches Hauspersonal zu beschäftigen. Doch die häufige Wiederholung dieser Vorschrift lässt vermuten, dass sie etwas freier gehandhabt wurde.

Der erste jüdische Friedhof lag im Bereich der heutigen Wengengasse. Ab 1281 wird er in den Quellen erwähnt. Von ihm und dem im 14. Jahrhundert vor dem Neutor neu angelegten Friedhof sind 30 Grabsteine erhalten. Sie wurden als Baumaterial wiederverwendet und haben so die Jahrhunderte überdauert, wie z. B. der einer gewissen Bellet, Tochter des R. Salomo, der in der Südseite des Münsters verbaut wurde. Er stammt aus dem Jahr 1243. Die Namen der Verstorbenen lassen Rückschlüsse auf ihre Herkunft zu. Die ersten Juden sind anscheinend aus Frankreich zugewandert. Später kommen sie dann vor allem aus den anderen schwäbischen Reichsstädten und aus Augsburg.

Vor Anfeindungen blieben die Ulmer Juden bis 1348 verschont. Die Probleme begannen mit dem Ausbruch der Pest, für die man sie auch hier verantwortlich machte. Am 30. Januar 1349 fiel die Gemeinde einem Pogrom zum Opfer. Doch nur wenige Jahre später kam es zu einer Neugründung. Sie erlebte vor allem dank Bankiers wie Jäcklin eine erstaunliche wirtschaftliche und kulturelle Blüte. 1499 verfügte Maximilian I. auf Bitten des Stadtrates die Vertreibung der Juden aus Ulm.

▲ Der Grabstein der Jüdin Mina aus dem Jahr 1288. Er liegt im Eingangsbereich des Ulmer Münsters.

▼ Darstellung des Juden Süßkind aus dem Codex Manesse, 13. Jh. Er trägt Bart und Judenhut.

Süskint der Jude von Trimperg. C.

1255

Der Reichsvogt

Das staufische Reich ging in einem jahrzehntelangen Kampf um die Krone unter. Wie lebt man in einem Reich, wie organisiert man eine ungewisse Zukunft, wenn das Recht droht, zum Recht des Stärkeren zu werden? Nach dem Tod Konrads IV. suchten sie in Ulm nach einer Antwort.

Der König war 1254 auf seinem Italienzug in Lavello in der Basilikata gestorben. Sein Sohn Konradin, gerade zwei Jahre alt, war der letzte Herzog von Schwaben und stand unter der Vormundschaft seines Onkels, Herzog Ludwig von Bayern. Wilhelm von Holland, seit 1247 Gegenkönig, hatte in Süddeutschland keinen Einfluss. In diesem Machtvakuum suchten 1255 der königliche Amtmann, die Ratsherren und die Bürgergemeinde von Ulm und der Reichsvogt Albert von Dillingen nach einem für alle akzeptablen Kompromiss.

Die Initiative ging offensichtlich von den Ulmern aus. Und das mit gutem Grund. Die Grafen von Dillingen gehörten zum Hochadel. Um Ulm herum verfügten sie über beträchtlichen Grundbesitz. Söflingen und die benachbarte Burg Ehrenstein mit ihren Dienstmannen gehörten ebenso dazu wie reicher Landbesitz bei Thalfingen. Die Vogtei über Ulm besaßen sie als königliches Lehen und waren für die Verteidigung von Pfalz und Siedlung verantwortlich. Außerdem übten sie die Blutgerichtsbarkeit und mussten regelmäßig Gerichtstage in und um Ulm abhalten. Der Ulmer Amtmann, den der König aus der Ulmer Bürgerschaft wählte, hatte dagegen nur die niedere Gerichtsbarkeit. Die Gerichtssitzungen hielten der Amtmann und der Graf oder dessen Stellvertreter gemeinsam ab. Die Gebühren teilten sie je nach anhängigem Verfahren untereinander auf. Übertrat der Amtmann seine Befugnisse, so hatten die Bürger das Recht, bei König oder Herzog Klage zu führen, in deren Abwesenheit beim Reichsvogt.

All das funktionierte so lange reibungslos, wie auf dem Weinhof ein König oder Herzog Hof hielten und Amtmann und Reichsvogt in ihrer Amtsführung kontrollierten. Doch die gab es seit 1254 nicht mehr. Wer hinderte nun den mächtigen Grafen daran, seine Kompetenzen zu überschreiten und die Stadt vollständig unter seine Herrschaft zu bringen? Ein vom König verbrieftes Stadtrecht, auf das sie sich hätten berufen können, besaßen die Ulmer nicht. So entschlossen sie sich zu einem Abkommen mit Albert von Dillingen, in dem wenigstens die wichtigsten Punkte der gemeinsamen Rechtsprechung und die gräflichen Rechte schriftlich fixiert waren. Beide Parteien unterzeichneten den Vertrag am 21. August 1255 im Beisein zahlreicher schwäbischer Adeliger in der Pfalzkapelle auf dem Weinhof. Ob der Graf sich daran halten würde, musste man abwarten.

1258 war der Vertrag dann hinfällig. Mit Hartmann IV. starben die Dillinger im Mannesstamm aus. 1259 fiel die Reichsvogtei an die Grafen von Württemberg, die sie aber mit geringem Interesse verwalteten. Konradin kam 1268 bei dem Versuch um, das Königreich Sizilien zu erobern. Aus den Ereignissen schlau geworden, erbaten die Ulmer sich 1274 von König Rudolf von Habsburg die Bestätigung ihrer Freiheiten und Rechte. Die Stadt hatte den ersten Schritt zur Unabhängigkeit getan.

Herzog Konradin von Schwaben bei der Falkenjagd. Aus dem Codex Manesse.

14. Jahrhundert

Der Stoff macht den Reichtum

Baumwolle benutzte man im Orient schon sehr früh zur Herstellung von Kleidung. In Europa fand sie erst im Mittelalter größere Verbreitung und machte Flachs und Schafwolle ernsthaft Konkurrenz. Das brachte für die zünftisch organisierten Weber in den Städten Probleme mit sich, schuf aber auch Wohlstand.

Mit Baumwolle stellte man im Mittelalter in Europa vor allem Barchent, ein Mischgewebe, her. Es besteht aus leinenen Ketten, in die am Webstuhl die Baumwollfäden als querliegender Schuss eingearbeitet werden. Anfang des 14. Jahrhunderts wurde dieser Stoff vor allem in Oberitalien, in Mailand und Florenz hergestellt. Dort lernten ihn auch Ulmer Kaufleute kennen und als wertvolles Handelsgut schätzen. Als dann Venedig in großem Maße billige Baumwolle aus dem Orient über Zypern nach Mitteleuropa importierte, verfügte Ulm zusammen mit dem heimischen Flachsanbau entlang der Günz und Kamlach sowie in Weißenhorn und Kirchberg über alle nötigen Rohstoffe für den Aufbau einer eigenen Barchentproduktion. Die Aufsicht über die Barchentschau sicherte sich von Anfang an die Stadt Ulm. Die dabei erhobenen Gebühren waren bald ihre wichtigste Einnahmequelle. Und damit das so blieb, stellte sie sehr hohe Anforderungen an die Stoffqualität. Das Vertrauen in das Ulmer Schausiegel war so groß, dass die Ballen bedenkenlos ungeöffnet und ungeprüft weitergehandelt wurden.

Für die heimischen Woll- und Leinwandweber war die billige Baumwolle allerdings ein wirtschaftliches und ein politisches Problem. Die Marner waren mit ihren Tuchen aus Schafwolle nur noch bedingt konkurrenzfähig. Und da sie, wie die Leinwandweber auch, in einer Zunft organisiert und an die Zunftordnung gebunden waren, konnten sie nicht einfach auf die Barchentproduktion umstellen. Die blieb nach dem Willen der Stadtherren bei den Leinwandwebern. Eine Zusammenlegung beider Zünfte lehnten sie auch ab, weil sich damit die Machtbalance in der zünftischen Stadtverfassung beträchtlich verschoben hätte. So verloren die Marner, die vorher ihre Tuche bis nach Flandern vertrieben hatten, zusehends an Bedeutung und belieferten schließlich nur noch den lokalen Markt.

Die Leinwandweber wiederum mussten zusehen, wie der Stadtrat auch auswärtige, nichtzünftische Weber, sogenannte Gäuweber, zur Ulmer Barchentschau zuließ. Dahinter standen vor allem taktische Überlegungen. Mit den Gäuwebern konnte man flexibel auf Marktschwankungen reagieren und die Einnahmen aus der Barchentschau optimieren. Außerdem waren sie ein gutes Druckmittel gegen die aufsässigen Ulmer Weber. Deren wirtschaftliche Existenz wiederum sicherte die Stadt, in dem sie verhinderte, dass man sie beim Einkauf der Baumwolle übervorteilte. Im Laufe der Jahre bezogen die Weber sie nämlich nicht mehr direkt aus Venedig, sondern über Zwischenhändler, die sogenannten Wollherren. Die diktierten ihnen schließlich den Baumwollpreis und übernahmen den Vertrieb der Endprodukte. Für die Stadtgemeinde barg dieses Verlagssystem großen sozialen Sprengstoff und forderte oft genug von den Ulmer Ratsherren viel Fingerspitzengefühl beim Interessenausgleich.

Marnerfenster im Ulmer Münster von Hans Acker. 1408 gestiftet von der Wollweberzunft.

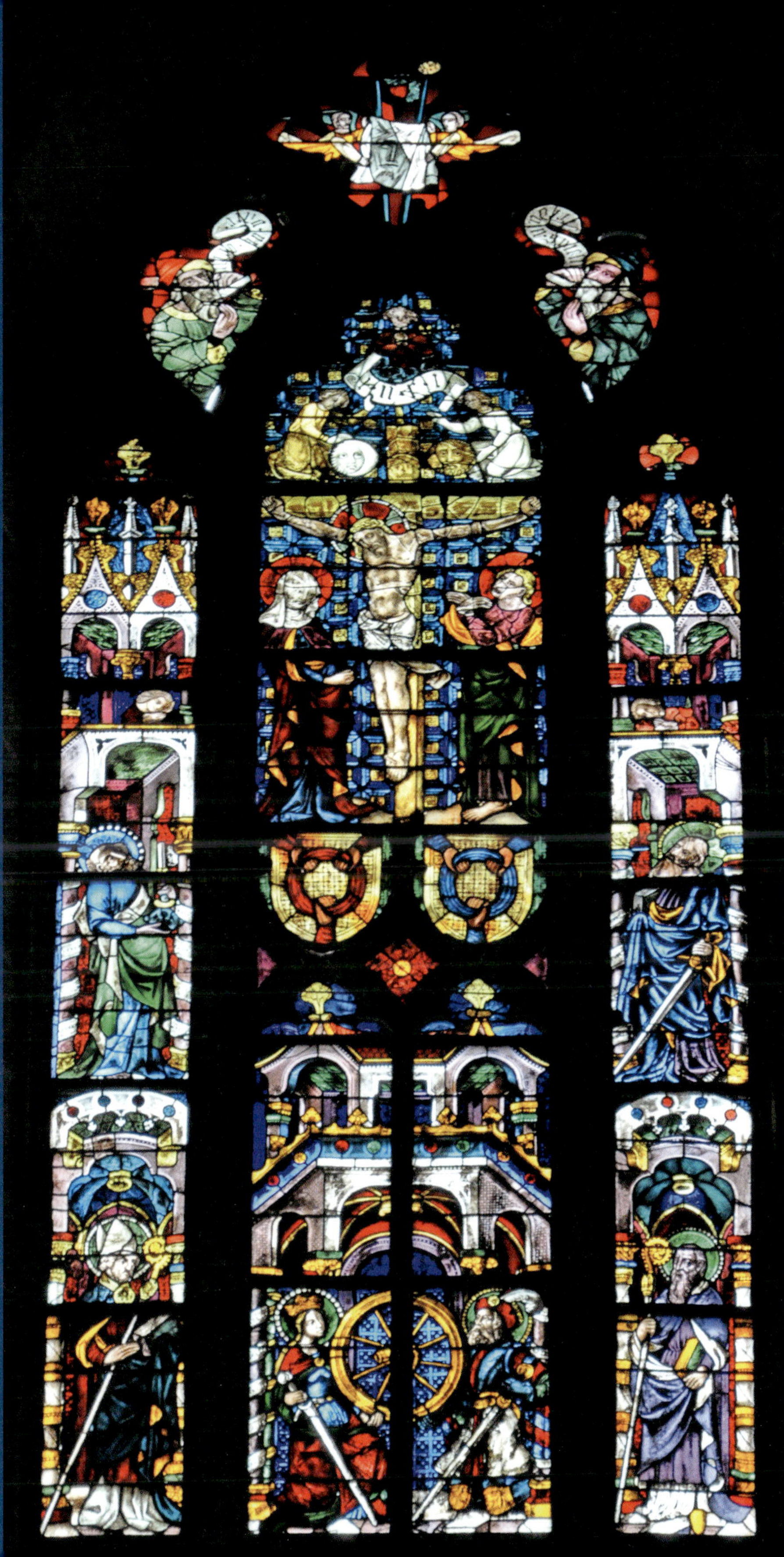

1377

Lutz Krafft und seine Kirche

Die alte Ulmer Pfarrkirche lag vor den Stadtmauern auf dem Feld. Unbequem für die Gläubigen und im Mittelalter nicht ganz ungefährlich. Doch sie so einfach in die Stadt zu verlegen ging auch nicht. Für den Neubau brauchte man nicht nur Geld, sondern auch die Erlaubnis der Mönche auf der Reichenau.

Mit dem Bau der neuen Stadtmauer 1316 reagierte Ulm auf die politischen Entwicklungen. Wieder einmal kämpften zwei Könige um die Macht, und es war absehbar, dass die Zeiten auch nach Ende des Thronstreites nicht ruhiger würden. Die neue Befestigung bezog die Vorstädte und Klöster ein und erweiterte das Stadtterritorium auf das Vierfache. Nur die Pfarrkirche lag zu weit abseits und blieb außerhalb des Mauerrings. Im Kriegsfall ein unhaltbarer Zustand. Deshalb musste man für sie eine andere Lösung finden. Der Rat hätte sie gerne abgerissen und in die Stadt verlegt. Doch er hatte keine Rechte an der Kirche. Sie gehörte dem Kloster Reichenau. Mit dem Neubau in der Stadt, der nach kanonischem Recht als Neugründung gelten konnte, liefen die Mönche Gefahr, ihre Einkünfte und die Verfügungsgewalt über die Pfarrstelle an den Ulmer Rat zu verlieren.

Nach jahrelangen Verhandlungen fand man schließlich eine Lösung. Die Patrizierfamilie Krafft besaß seit langem das Totengräberamt, unterstützte die Marienkirche mit Stiftungen und stellte die Pfarrer. Ihr Oberhaupt Lutz Krafft war die führende politische Persönlichkeit in Ulm. Seit 1372 bekleidete er immer wieder das Bürgermeisteramt. Unter seiner Führung hatte die Stadt begonnen, Grundstücke für die neue Pfarrkirche zu erwerben. Er war es vermutlich auch, der dann Abt Eberhart mitteilte, dass die Stadt bereits mit dem Neubau begonnen habe, und so von ihm die Zustimmung zu dem am 10. März 1376 gefundenen Kompromiss – nicht ganz freiwillig – erhielt. Lutz Krafft sollte den Grundstein legen. In welchem Auftrag er das tat, ob als Vertreter des Stadtrates oder des Klosters, das so zunächst seine Rechte behielt, blieb nach den getroffenen Vereinbarungen Interpretationssache. Endgültig und rechtlich einwandfrei gelöst wurden die Zuständigkeiten erst Jahre später.

Am 30. Juni 1377 legte in der dritten Tagesstunde, wie der Chronist Felix Fabri berichtet, Lutz Krafft feierlich und unter Mithilfe aller Großen der Stadt den Grundstein für das Ulmer Münster und schmückte ihn mit 100 Goldstücken. Zwei Reliefs ehren Lutz Krafft als Münstergründer. Das eine befindet sich in der Ostwand über dem Brautportal, durch das Rat und Bürgermeister vom Rathaus zum Gottesdienst in das Münster gingen. Es zeigt ihn, wie er, geführt vom Ulmer Pfarrer, Maria ein Modell des neuen Gotteshauses übergibt. All dies, so verkündet es die Inschrift, habe Lutz Krafft auf »haissen des rates« getan. Das zweite Relief, mit der fast identischen Inschrift versehen, befindet sich im Münster an einem Langhauspfeiler nicht weit vom Brautportal und Taufstein entfernt. Hier hält er zusammen mit seiner Frau Elsbeth Ehinger ein Kirchenmodell, das auf den Schultern des Baumeisters ruht. Vor dem Pfeiler, so vermutet man, hat er seine letzte Ruhestätte gefunden.

▲ Epitaph des Matthäus Ensinger. Er war von 1446 bis 1463 Baumeister des Ulmer Münsters.
▼ Lutz Krafft und seine Frau »bürden« Heinrich Parler die Verantwortung für den Münsterbau auf.

1383

Arme Grafen

Im Mittelalter erwartete man, dass man seine adelige Abstammung mit einem entsprechenden Lebensstil zeigte. Doch den Unterschied zwischen Repräsentation und Geldverschwendung kannten einige Grafen nicht. So verloren sie ihre Güter und Burgen an die von ihnen verachteten Kaufleute.

Unter den Reichsstädten verfügte Ulm über das größte Territorium. Das meiste davon erwarb es Ende des 14. Jahrhunderts, als eine Reihe Adeliger ihre überschuldeten und verpfändeten Grafschaften nicht mehr auslösen konnten.

Den Anfang machte die Herrschaft Albeck. Im 12. Jahrhundert gehörte sie noch zu den reichsten auf der Schwäbischen Alb. Doch unter den Grafen Heinrich und Konrad von Werdenberg-Sargans setzte der wirtschaftliche Verfall ein. Von Schulden hört man erstmals 1372. 1374 versuchen Ulmer Bürger über Pfändung der Nikolauskapelle und des Spitals in Albeck vergeblich ihre Außenstände einzutreiben. Den Löwenanteil schuldeten die Werdenberger jedoch den Ulmer Juden Jäcklin, Meyer und Kellin. Die wandten sich 1376 zur Durchsetzung ihrer Ansprüche an Herzog Friedrich von Bayern als dem zuständigen Landvogt. Die Werdenberger wiederum suchten Hilfe bei Kaiser Karl IV., der damals gerade Krieg gegen Ulm und den Schwäbischen Städtebund führte. Bei der Belagerung der Stadt unterstützten ihn die Werdenberger. Dafür erklärte Karl IV. als oberster Schutzherr der Juden ihre Schulden für nichtig. Die Belagerung scheiterte, Karl IV. wollte beim Friedensschluss von seiner Schuldenannullierung nichts mehr wissen, und die Werdenberger blieben auf den Kosten für den Feldzug sitzen. Jäcklin und die anderen hatten inzwischen ihre Forderungen an Ulm abgetreten, das dafür am 31. August 1377 von den Grafen die Stadt Langenau erhielt. Am Bankerott der Werdenberger änderte das jedoch nichts mehr. Ein Darlehen von 1382 beglichen 1383 Graf Konrad und 1385 Graf Heinrich mit dem Verkauf von Albeck mit den zugehörigen Rechten und Ländereien an Ulm, das damit erstmals in den Besitz einer eigenen Landesherrschaft kam.

Ähnlich wie den Werdenbergern erging es den Grafen von Helfenstein. Auch sie versuchten, ihrer Schuldenlast mit Anleihen bei der Reichsstadt Herr zu werden, und scheiterten kläglich. 1382 nahmen sie in Ulm 37 000 Gulden auf und verpfändeten dafür ihre Herrschaft mit einer Laufzeit von 10 Jahren. In den folgenden vier Jahren sollten sie das Recht auf Rückkauf haben. Doch nach Ablauf der 14 Jahre waren durch weitere Kredite aus den 37 000 Gulden Schulden von 123 339 Gulden geworden. 1396 fiel der Helfenstein'sche Besitz, zu dem unter anderem auch die Burg Helfenstein und die Stadt Geislingen gehörten, an die Stadt Ulm.

Solch große Gebietserwerbungen gelangen Ulm in der Folgezeit nicht mehr. Der Kauf der Grafschaft Kirchberg scheiterte 1437. Der letzte territoriale Zugewinn war 1453 die Stadt Leipheim, die Graf Ulrich V. von Württemberg für 23 300 Gulden veräußerte. Von kleineren Arrondierungen und dem einen oder anderen Gebietstausch abgesehen, bestand das Ulmer Territorium in diesem Umfang bis zum Ende der Reichsstadtzeit.

Das Territorium der Reichsstadt Ulm um 1715 nach einer Karte von J. B. Homann.

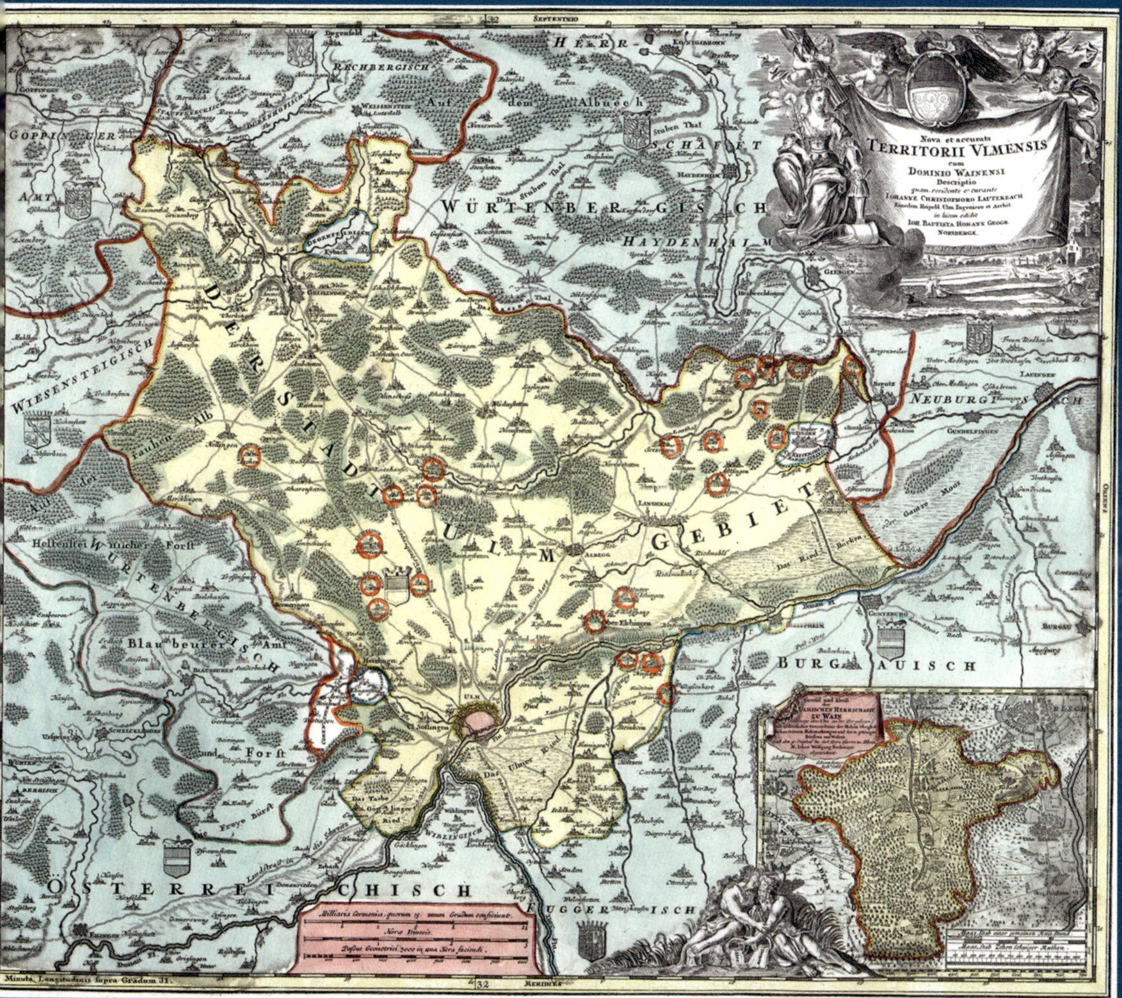
Nova et accurata
TERRITORII VLMENSIS
cum
DOMINIO WAINENSI
Descriptio
quam, revidente & curante
IOHANNE CHRISTOPHORO LAUTERBACH
Eiusdem Reipubl. Ulm. Ingeniero et Archit.
in lucem edidit
IOH. BAPTISTA HOMANN GEOGR.
NORIBERGÆ.
DER STADT ULM GEBIET
WÜRTENBERGISCH
HAYDENHAIM
RECHBERGISCH
WIESENSTEIGISCH
NEUBURGISCH
BURGAUISCH
ÖSTERREICHISCH
FUGGERISCH
SEPTENTRIO
MERIDIES
Minuta Longitudinis supra Gradum 31.

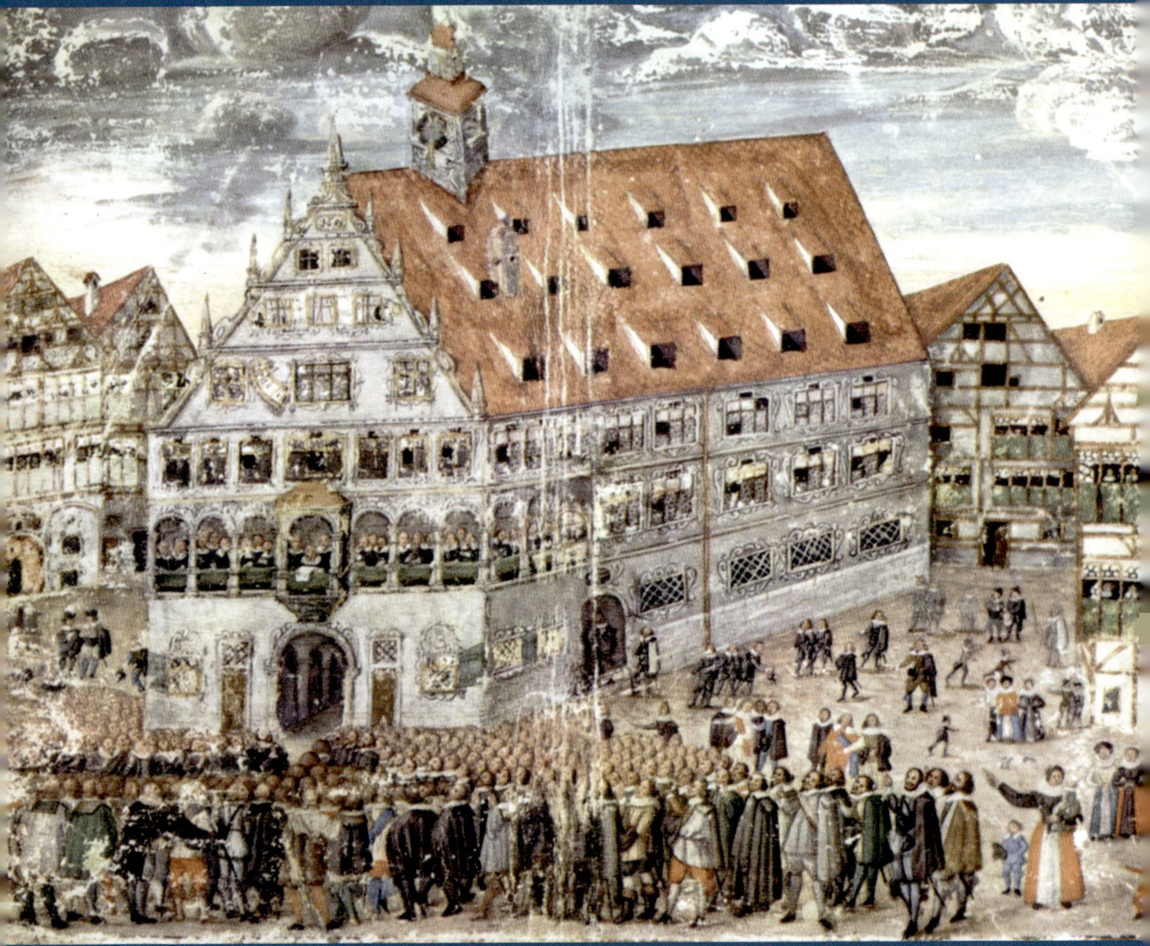

1397

Endlich Frieden

Im Mittelalter hatte jede Reichsstadt ihre eigene Verfassung. Ob die tatsächlich für Frieden sorgte, hing davon ab, wie gut sie die unterschiedlichen Interessen berücksichtigte. In Ulm fand man nach schmerzhaften Erfahrungen mit dem Großen Schwörbrief eine von allen akzeptierte Lösung.

Die Zünfte erwirtschafteten den Reichtum der Stadt, und die Patrizier machten damit Politik. Sie stellten Ammann, Bürgermeister und Stadtrat. So war es jedenfalls bis 1345. Dann erstritten sich die Zünfte im Kleinen Schwörbrief ihren Anteil an der Macht. Sie erhielten nicht nur Zugang zum Stadtrat, sondern mit 17 von 32 Sitzen darin sogar die Mehrheit. Auf Verstöße oder Verschwörungen gegen die neue Verfassung standen Verbannung und die Bezahlung von 10 000 Ziegelsteinen für die seit 1316 im Bau befindliche neue Stadtmauer. Der Kleine Schwörbrief war als Vertrag zwischen Zünften und Patriziat zunächst auf fünf Jahre abgeschlossen und hielt dann bis in die 1390er Jahre hinein. Eine lange Zeit, wenn man auf die politischen Ereignisse schaut.

Seit 1349 war Ulm das Oberhaupt der schwäbischen Reichsstädte im Kampf gegen die Fürsten. Doch die militärischen Auseinandersetzungen endeten meistens mit Niederlagen, 1372 bei Altheim auf der Alb, 1388 bei Döffingen bei Weil der Stadt. 1376 musste die Stadt einer Belagerung durch Kaiser Karl IV. standhalten. Gleichzeitig flossen große Summen in den Erwerb der Grafschaften Albeck und Helfenstein, in den Bau neuer Befestigungsanlagen und nicht zuletzt in das Münster. Die Rechnung bezahlten mit Geld und Menschenleben vor allem die einfachen Bürger. 1392 kam es zu ersten Unruhen durch die Marner-Zunft, deren Mitglieder, vom Barchenthandel ausgeschlossen, massive finanzielle Einbußen hatten. Außerdem wurden Klagen wegen Unregelmäßigkeiten bei den Ratswahlen laut. 1396 nahmen die Zünfte mehrere Patrizier gefangen. Die Stadt stand kurz vor einem Bürgerkrieg. Mit dem Sühnebrief vom 25. Juli 1396 vereinbarten die verfeindeten Parteien zunächst einen Waffenstillstand, der eine Verfassungsreform ermöglichen sollte. Am 26. März 1397 trat sie dann in Kraft.

Der Große Schwörbrief war eindeutig ein Sieg der Zünfte. Zu dem bisherigen Rat aus 32 Mitgliedern, der nun der Kleine Rat hieß, gab es jetzt einen vierzigköpfigen Großen Rat, der bei allen wichtigen politischen Entscheidungen einzuberufen war. Dreißig seiner Mitglieder kamen aus den Zünften. Die wählten auch die 14 Patrizier im Kleinen Rat und die 10 im Großen Rat. Das Bürgermeisteramt blieb weiterhin allein den Geschlechtern vorbehalten. Der Amtsinhaber musste nach einem Jahr abtreten und konnte frühestens nach zwei Jahren wieder gewählt werden. Auch das Steuerprivileg der Patrizier fiel weg.

Jedes Jahr am 23. April, dem Georgstag, leisteten Bürgermeister, Rat und Stadtgemeinde auf dem Weinhof den Schwur auf die Verfassung. Diese Schwörfeier fand insgesamt 151 Mal statt, dann kassierte Kaiser Karl V. 1548 die Zunftverfassung. Bis zum Ende der Reichsstadtzeit bestimmten von da an wieder die Geschlechter das politische Geschehen in Ulm.

Schwörakt der Ulmer Bürger vor dem Schwörhaus um 1650. Gouache von Jonas Arnold.

15. Jahrhundert

Die Stadt der Künste

Mit der Grundsteinlegung für das Münster holten die Ulmer nicht nur ihre Pfarrkirche, sondern auch die Kunst in ihre Stadt. Innerhalb kürzester Zeit wurde Ulm, beflügelt durch den Reichtum seiner Bürger, zu einem kulturellen Zentrum mit Strahlkraft weit über Süddeutschland hinaus.

Schon die Münsterbaumeister gehörten zu den renommiertesten Architekten ihrer Zeit. Die ersten drei stammten aus der Familie Parler aus Schwäbisch Gmünd, die an allen großen Bauvorhaben des Spätmittelalters beteiligt waren. Sie arbeiteten am Veitsdom in Prag, am Stephansdom in Wien und in Krakau, in Nürnberg, Augsburg und Freiburg. Auch ihre Nachfolger im Baumeisteramt, die Ensinger, waren nicht nur in Ulm tätig. Ulrich von Ensingen betreute außerdem noch die Bauhütte in Straßburg, den Dombau in Mailand und erstellte den Plan für das Basler Münster. In den nicht ganz hundert Jahren seit der Grundsteinlegung errichteten und planten diese beiden Familien bis 1474 Chor, Chortürme und Kirchenschiff samt Kirchenturm bis zum zweiten Hauptgeschoss. Das Ulmer Münster als Kirchengebäude war bis zu seiner Fertigstellung im 19. Jahrhundert vor allem ihr Werk. Für die künstlerische Ausgestaltung sorgten mehr als 25 Werkstätten.

Die ersten waren die Glasmaler der Familie Acker, die 1385 das Anna-Marien-Fenster im Chor einsetzten. Anfang des 15. Jahrhunderts war der Bau dann so weit fortgeschritten, dass man die ersten Skulpturen an der Fassade anbringen konnte. Die 19 Figuren am Hauptturm fertigte um 1420 Meister Hartmann, ein Mitglied der Münsterbauhütte. Von ihm stammt auch der Kurfürstenzyklus für die Südfront des Rathauses. Die Figuren an der Ostwand sind ein Werk von Hans Multscher. 1429 schuf er für das Münster den berühmten »Schmerzensmann« in der Vorhalle des Haupteingangs und 1433 das Karg-Retabel im Kircheninneren. Das berühmte Chorgestühl planten und gestalteten Jörg Syrlin der Ältere und Michel Erhart. Niklaus Weckmann fertigte die 17 Steinskulpturen über dem Hauptportal. Von ihm sind auch der Sebastiansaltar und Hutzaltar im Chor. Beide Kunstwerke sind die letzten von früher insgesamt 60 Altären, die reiche Bürger hier zum ihrem und dem Seelenheil ihrer Angehörigen aufgestellt hatten.

Das Münster war ein bedeutendes Schaufenster für die Künstler und die hohe Qualität ihrer Arbeiten. Herzog Ludwig von Bayern nannte Hans Multscher den besten Werkmann, den man finden könne. 1493 bestellte der Abt des Blaubeurer Klosters bei Bartholomäus Zeitblom einen Hochaltar, 1524 fertigte Martin Schaffner den Wettenhausener Altar. Daniel Mauch lieferte eine Skulpturengruppe, das Martyrium des Simonino, nach Trient an die Kirche San Pietro. Mit ihm war auch der Höhepunkt der Ulmer Kunst erreicht. Seine »Nackte Alte« aus dem Jahr 1520 – heute im Liebieghaus in Frankfurt am Main ausgestellt – ist in ihrer lebensnahen und realistischen Darstellung schon zeitlos.

Die Reformation bedeutete dann das Ende für viele Werkstätten. Altäre brauchte niemand mehr. Der zwinglisch-protestantische Purismus lehnte die farbenfrohe Pracht spätgotischer Kunstwerke ab. An die Stelle des Bildes trat das Wort.

▲ Choraltar oder Hutzaltar, Ulmer Münster. Von Martin Schaffner und Niklaus Weckmann, um 1521.

◀ Die »Nackte Alte« von Daniel Mauch, um 1520, heute im Liebieghaus, Frankfurt a. M.

▶ Schmerzensmann von Hans Multscher am Hauptportal, das Original von 1429 steht im Münster.

1446

Viel Geld für die Mönche der Reichenau

Verschwendungssucht war nicht nur ein Privileg des Adels, sondern auch eine Sünde der Geistlichen. Und wie beim Adel war auch bei ihnen der Reichtum endlich. Doch während der Adel seine Schulden bezahlte, suchten die Geistlichen Hilfe beim Konzil und dem Stellvertreter Gottes auf Erden.

Das Kloster Reichenau und der Rat der Stadt einigten sich nach langen Verhandlungen 1383 in einem Vertrag über ihrer beider Rechte an der Ulmer Pfarrei. Die Stadt kaufte den sogenannten kleinen Zehnten und erhielt, und das war den Ratsherren besonders wichtig, das Präsentationsrecht des Pfarrers. 1387 tauschten sie zudem das Patronat über die Dorndorfer Kirche gegen das über das Münster ein, wovon aber das Präsentationsrecht nicht betroffen war. In der Praxis sah es dann so aus, dass die Reichenau 1425 den neuen Pfarrer auf Ulmer Bitten anstandslos in seinem Amt bestätigte.

Ganz wohl war es dem Abt Friedrich von Wartenberg dann mit den getroffenen Absprachen doch nicht. Eigentlich durfte nur der Konstanzer Bischof einen Pfarrer investieren. So bat er die Ulmer, sie möchten sich doch das ganze Prozedere nebst dem nun auch erstmals erwähnten Recht auf Einsetzung des Schulmeisters und des Messners am Münster vom Papst bestätigen lassen. Diesem guten Rat kam die Stadt jedoch nicht nach.

Dafür aber halfen sie und einige Bürger dem Kloster mit Krediten auf seine umfangreichen Rechte und Liegenschaften in Ulm. Die Reichenau befand sich schon seit einiger Zeit in massiven finanziellen Schwierigkeiten, und die Kreditgeber nutzten diese wohl mehrmals aus, um sich zu bereichern. Jedenfalls sah das der neue Abt 1434 so und reichte beim Konzil in Basel Klage ein. Das lud nach kanonischem Recht, das die ordnungswidrige Entfremdung von Kirchengut mit dem Kirchenbann bedrohte, die Ulmer Bürger, das Heilig-Geist-Spital, das Leprosen-Haus sowie einige Ulmer Klöster vor sein Gericht. Auch der Vertrag über die Stadtpfarrei von 1383 wurde angefochten. Hier argumentierte der Abt mit der fehlenden Zustimmung des Papstes. Mit Unterstützung Ulms blieben die Beklagten dem Gerichtstermin fern. Die logische Konsequenz war 1436 die Verhängung des Kirchenbannes, der 1437 und 1443 noch einmal erneuert wurde. Seine Umsetzung handhabte man in Ulm eher lax. Auf Ulmer Initiative intervenierte 1437 – allerdings erfolglos – Kaiser Friedrich III. und teilte dem Konzil mit, dass in dieser Angelegenheit weltliches und nicht geistliches Recht anzuwenden sei. Es handle sich, so der Kaiser, bei der Mehrzahl der Streitpunkte um Lehensrecht und materielle Forderungen. Der Reichenauer Abt musste sich anhören, dass er sich nicht an die Vereinbarungen seiner Vorgänger halten wollte.

Nach elf Jahren sinnlosen Prozessierens schaltete sich Kaiser Friedrich III. nochmals ein und brachte am 4. Juli 1446 einen Kompromiss zustande. Ulm löste alle Besitzungen und Rechte des Klosters Reichenau in der Stadt gegen eine Summe von 25 000 Gulden aus. Wert waren sie nach Berichten von Zeitzeugen tatsächlich um die 100 000 Gulden, doch dem Kloster blieb nichts anderes übrig, als zuzustimmen. Ulm war nun Herr im eigenen Haus und nur noch dem Kaiser untertan.

▲ Der Reichenauer Hof war im 13. Jh. Verwaltungssitz der Mönche. Fresko im Minnesängersaal.
▼ Deckenfresko mit Adler- und Löwenwappen im Minnesängersaal, Ende des 14. Jh.

1525

Von Recht und Unrecht

Der Bauernkrieg wurde von allen Seiten mit großer Brutalität geführt und forderte allein in Oberschwaben Tausende Opfer. Dabei sah es anfangs nach einer friedlichen Lösung aus. Große Hoffnung setzten die Bauern dabei auf den Schwäbischen Bund in Ulm. Am Ende half ihnen nicht einmal das göttliche Recht.

Im Sommer 1524 verweigerten die Bauern in der Herrschaft Stühlingen am Hochrhein die Frondienste, in denen sie nur noch herrschaftliche Willkür sahen. Die Abgabenlast war in den letzten Jahren immer größer geworden. Inzwischen zahlten die Bauern für alles, im Todesfall, bei der Geburt eines Kindes, bei der Hochzeit.

Bis zum Winter erfasste der Aufstand den ganzen Schwarzwald und breitete sich nach Oberschwaben aus. Im Baltringer Ried zwischen Laupheim und Biberach kam es Ende Januar 1525 zu einer ersten Versammlung, die Huldrich Schmid aus Sulmingen zu ihrem Hauptmann wählte. Im Allgäu formierte sich der Widerstand vor allem um Kempten. Am 23. Januar schlossen sich die Bauern bei Leubas zum Allgäuer Haufen zusammen, am 24. Februar die Bauern am Bodensee in Rappertsweiler zum Seehaufen.

Als sich am 5. Februar der Schwäbische Bund zu seiner turnusmäßigen Sitzung in der Bundeshauptstadt Ulm versammelte, sah er sich völlig unvorbereitet einem so noch nicht erlebten Bauernaufstand gegenüber. Der Bund war ursprünglich von den schwäbischen und fränkischen Reichsstädten und Adeligen mit dem Ziel gegründet worden, für die Aufrechterhaltung des Landfriedens zu sorgen. Anfangs sollte er sich nur um die Einhaltung des Fehdeverbots kümmern, doch 1500 erweiterte er seine Bundesordnung und erklärte sich fortan auch in Streitfällen zwischen Untertanen und Obrigkeit für zuständig. Daher erwarteten nun die aufständischen Bauern von ihm Hilfe. Am 17. Februar übergaben die Baltringer in Gögglingen bei Ulm seinen Vertretern rund 300 Beschwerdebriefe.

Dass der Rat die Abordnung nicht in die Stadt ließ, hatte seine Gründe. Die Stadt war ein Pulverfass, das die aufständischen Bauern leicht zur Explosion bringen konnten. Die Weberzunft forderte - wieder einmal - Maßnahmen gegen die Gäuweber. Konrad Sam, seit 1524 als Stadtprediger angestellt, lieferte sich als Anhänger Luthers mit dem Dominikanerprediger Peter Hutz öffentlich theologische Dispute und heizte damit die Spannungen zwischen reformatorisch und katholisch gesinnten Bürgern an. Bereits 1524 hatte in Leipheim der Prediger Wehe es mit seiner Begeisterung für Luther so weit getrieben, dass ihn der Augsburger Bischof mit dem Kirchenbann belegte und dem Rat nichts anderes übrig blieb, als ihn auszuweisen. Und zu allem Überfluss gab es unter den Gesandten in der Stadt noch Männer wie den Bayern Leonhard von Eck, die streng katholisch und autoritär dachten und am liebsten sofort gegen die Bauern losgeschlagen hätten. An Verhandlungen oder an ein Schiedsgericht dachten sie zu keinem Zeitpunkt. Für sie unterschieden sich ein Bauer und ein Ochse nur durch die Hörner.

Plündernde Bauernhaufen. Zeichnung aus Jacob Murers Weissenauer Chronik des Bauernkrieges 1525.

10
11
12
13
14
15
16
17

Doch der Bund hatte Anfang Februar kein Heer und keinen Feldherrn. Die hatten die Habsburger noch gegen die Stühlinger Bauern in Sold. Und auf dem Hohentwiel saß Ulrich von Württemberg und lauerte auf seine Chance. Ihn hatte der Bund 1519 nach seinem Angriff auf das Bundesmitglied Reutlingen aus seinem Herzogtum vertrieben. Die Aktionen der aufständischen Bauern beobachtete er genau. Also verlegte sich der Schwäbische Bund aufs Taktieren. Doch selbst bei den laufenden Verhandlungen konnten die Herren ihre Arroganz nicht zügeln. Der Altbürgermeister Ulrich Neithart sagte Huldrich Schmid ins Gesicht, die Bauern seien wie quakende Frösche, die am Ende doch der Storch fräße.

Ende Februar merkten die Bauern, dass man sie nur hinhielt. Der Schwäbische Bund hatte mittlerweile mit Rüstungen begonnen. Rechtfertigen konnte er die anfangs noch mit dem Feldzug gegen Herzog Ulrich, der am 21. Februar mit Schweizer Söldnern vom Hohentwiel zur Rückeroberung Württembergs aufgebrochen war. Am 13. März war er wieder zurück am Bodensee. Den Bundestruppen unter Georg von Waldburg war er heillos unterlegen. Eines jedoch hatte er – ungewollt – mit seinem Feldzug erreicht: Er hatte den Bauern einige Wochen Aufschub verschafft.

Während in Württemberg noch gekämpft wurde, trafen sich die Bauern, darunter auch Huldrich Schmid, am 6. März in Memmingen und gründeten unter dem Einfluss lutherischer Theologen die »Christliche Vereinigung«. Nun, nach den schlechten Erfahrungen mit dem Schwäbischen Bund, akzeptierten sie nur noch das göttliche, Recht wie es sich aus der Bibel ableiten ließ. Das, so sagten die Herren in Ulm, würden sie nicht kennen. Eine gemeinsame Verhandlungsbasis gab es nicht mehr. In Ulm befürchtete man immer noch, dass sich Teile der Bürgerschaft auf die Seite der Aufständischen schlagen könnten. Außerhalb der Stadt, bei Leipheim, sammelte sich bereits ein größerer Bauernhaufen, darunter viele Gäuweber aus Langenau. Auch der verbannte Wehe war zurück und predigte wieder. Die Stimmung bei den Bauern wurde immer gewaltbereiter. Die gegenseitigen Provokationen häuften sich. Der Schwäbische Bund musste aber noch die Rückkehr Georgs von Waldburg abwarten.

Ende März brach schließlich der bewaffnete Aufstand los. Die Bauern plünderten in der näheren Umgebung Ulms Elchingen, Wettenhausen, Laupheim und Roggenburg. Am 30. März war endlich Waldburg mit seinen Truppen aus dem Herzogtum Württemberg zurück und ging zuerst gegen Plünderer bei Marchtal und Zwiefalten vor. Dann befahl ihm der Bund den Angriff auf die Bauern bei Leipheim. Am 4. April standen sich Bundesheer und 5000 Aufständische am Einfluss der Biber in die Donau gegenüber. Gnadenlos metzelten die Soldaten alles nieder, was sich ihnen in den Weg stellte. Die Flüchtenden ertranken in der Donau. 4000 Bauern fanden an diesem Tag den Tod. Ihre Anführer, darunter auch der Prediger Wehe, wurden am folgenden Tag enthauptet, ihre Häuser angezündet.

Zwischen dem 11. und 13. April fiel das Bundesheer über die Reste des Baltringer Haufens bei Ehingen und Umgebung her. Auf Geheiß Huldrich Schmids löste der sich am 18. April auf, um weiteres Blutvergießen zu vermeiden. Bis Ende Juli hatte Georg von Waldburg dann auch die anderen Bauernhaufen im Allgäu zerstreut. Der Bauernkrieg in Oberschwaben war zu Ende.

▲ Der »Bauernjörg« Georg III. Truchseß von Waldburg-Zeil, Feldherr des Schwäbischen Bundes.

▼ Die aufständischen Bauern verhandeln mit der Obrigkeit. Weissenauer Chronik.

1530

Die Entscheidung

Der Streit um den wahren Glauben spaltete das Reich seit Jahren. Die Protestanten wollten nicht mehr zurück zur alten Lehre. Der Kaiser verlangte Gehorsam gegenüber Papst und Kirche. Der Ulmer Rat lavierte lange zwischen den Fronten. Bis ihn andere dazu zwangen, andere entscheiden zu lassen.

Der Reichstag von 1521 in Worms endete mit der Ächtung Martin Luthers. Damals dachte Karl V. noch, der Streit um die Missstände in der katholischen Kirche wäre damit erledigt. Doch die Forderungen nach einer Kirchenreform wurden im Laufe der Jahre immer mehr zu einer Diskussion über den rechten Glauben. Luther fand immer mehr Unterstützer und Nachahmer. In den süddeutschen Reichsstädten predigte man vor allem die Lehre des Züricher Reformators Zwingli.

Auch in Ulm traten früh evangelische Prediger auf. Um 1524 wandte sich die Stadt der Reformation zu. Anfangs folgte man noch Luthers Lehre, später setzte sich auch hier Zwingli durch. Als sich der Reichstag in Speyer 1529 für die Wiederherstellung der katholischen Kirchenordnung aussprach, gehörte Ulm zu den Protestanten, den Reichsständen, die den Reichstagsabschied ablehnten und ihren Protest zu Protokoll gaben. Dann aber verlor der Rat den Mut. Verhandlungen für ein Verteidigungsbündnis mit anderen Protestanten betrieb man nur halbherzig, aus Angst vor dem Kaiser. Dem hätten die Ulmer gern die Grafschaft Hellenstein abgekauft. Doch die war nur gegen ein eindeutiges Bekenntnis zum katholischen Glauben zu haben. Dazu war Ulm nicht bereit.

Als Karl V. auf dem Reichstag in Augsburg 1530 eine Entscheidung über die richtige Glaubenslehre anstrebte, führten die Ulmer Gesandten Bernhard Besserer und Daniel Schleich diese unentschlossene Politik zunächst noch fort. Statt sich Melanchthons Confessio Augustana oder der zwinglischen Position der Städte Konstanz, Memmingen, Lindau und Straßburg anzuschließen, setzten sie weiter auf den Kaiser. Das änderte sich erst, als die Verhandlungen scheiterten und Karl V. mit der Ablehnung des zwinglischen Glaubensbekenntnisses und der Confessio Augustana die Protestanten erneut zur Rückkehr in die katholische Kirche aufforderte. Die Gesandten berichteten nach Ulm, dass jetzt eine Entscheidung nicht mehr hinausgezögert werden könnte.

Vor der scheute der Rat jedoch immer noch zurück und suchte Zuflucht beim Schwörbrief, der in solchen Fällen die Möglichkeit einer Bürgerbefragung vorsah. Die fand zwischen dem 3. und 8. November statt und war im Resultat eindeutig. Von 2300 Stimmberechtigten gaben 1856 ihr Votum ab, 1621 davon entschieden sich gegen den Reichstagsabschied. Als man den Ulmer Gesandten das Resultat mitteilte, verließen diese zusammen mit den anderen Protestanten den Reichstag. In den folgenden Monaten führte man in Ulm die Reformation nun auch offiziell ein. Die Messe wurde abgeschafft, die Altäre aus dem Münster verbannt, die Mönchsorden ausgewiesen, die Kirchengüter beschlagnahmt. 1531 schloss sich Ulm mit den anderen protestantischen Ständen zur Verteidigung der gemeinsamen Interessen im Schmalkaldischen Bund zusammen.

▲ Dr. Christian Beyer verliest vor Karl V. die von Melanchton verfasste Confessio Augustana.
▼ Statue des Bernhard Besserer, Gesandter auf dem Augsburger Reichstag 1530, im Ulmer Münster.

Bernhard Besserer

CASPAR SCHWENCKFELDIUS ab Ossing, Eques Nobilis Silesius.
Nasc. in silesias.
Ao.
Ob. in Sueuia,
Ao. 1561.
Dum pate facta Dej tua dogmata prodis ab ore
Verbi equidem mutus praco futurus erit.

1561

Die Streicherin

Agatha Streicher ist eine der herausragenden Frauengestalten in der deutschen Geschichte. Als erste Ärztin Deutschlands war sie weit über Ulm hinaus bekannt, als streitbare Person trat sie für ihren Glauben ein. Das eine schmeichelte dem Ulmer Rat, das andere forderte ihn heraus.

Von ihrer Kindheit und Jugend ist wenig bekannt. Das meiste erschließt sich aus ihrem späteren Lebenslauf. Vermutlich 1520 geboren, war sie das jüngste Kind von Augustin Streicher und Helena Rockenburger, die mit der einflussreichen und wohlhabenden Familie Gienger verwandt war. Auch die Familie Streicher scheint nicht arm gewesen zu sein. Hans Augustin, der Bruder Agathas, konnte trotz des frühen Todes des Vaters Medizin studieren.

Mit fünfzehn kam Agatha zum ersten Mal in Kontakt mit den Lehren des schlesischen Adeligen Kaspar Schwenckfeld. Er war anfangs ein begeisterter Anhänger Luthers gewesen, hatte dann aber im Laufe der Jahre seine eigene mystisch-spirituelle Theologie entwickelt. Sie widersprach Luthers Lehre so offensichtlich, dass er, als er 1535 nach Ulm kam, bereits den Ruf eines Sektierers hatte. Da er aber mit dem Patrizier Bernhard Besserer bekannt war, ließ ihn der Rat zunächst in Ruhe. So konnte er eine kleine Gemeinde gründen, zu der auch die Familie Streicher gehörte. Sein schärfster Gegner war der Münsterprediger Martin Frecht, der schließlich 1538 seine Ausweisung durchsetzte. Schwenckfeld besuchte dennoch immer wieder heimlich Ulm. Der Legende nach starb er im Dezember 1561 im Haus der Familie Streicher und wurde dort im Keller bestattet. Die Leitung der Gemeinde übernahm Agatha.

Dass der »Streicherin Sekte« lange Zeit vom Rat unbehelligt blieb, lag an Agathas medizinischem Wissen, das sie mit größter Sicherheit bei ihrem Bruder erworben hatte. Am 15. März 1561 schwor sie laut einem städtischen Protokoll auf die Ulmer Ärzteordnung, war aber nicht bei der Stadt angestellt. Innerhalb kürzester Zeit hatte sie einen so hervorragenden Ruf, dass sogar der Bruder des Mainzer Erzbischofs, des obersten deutschen Kirchenfürsten, eigens wegen ihr nach Ulm kam. Der Bischof von Speyer schenkte ihr als Dank für ihre Behandlung ein Fass Wein. Als Maximilian II. 1576 in Regensburg schwer krank im Bett lag, schickten seine Räte nach Ulm um Hilfe. Die Stadt stellte Agatha für die Reise ein Boot zur Verfügung, das sie auf der Hochwasser führenden Donau an den kaiserlichen Hof brachte. Gleich bei der ersten Untersuchung stellte sie Wasser auf der Lunge fest. Obwohl sie sofort mit der Behandlung begann, war die Gesundheit des Kaisers schon so angegriffen, dass sie ihm nicht mehr helfen konnte. Maximilian II. starb am 12. Oktober 1576. Der Obduktionsbericht bestätigte Agathas Diagnose, erwähnte aber darüber hinaus so viele geschädigte Organe, dass der Kaiser selbst bei der besten medizinischen Versorgung nicht überlebt hätte.

Im April 1581 starb Agatha Streicher. Praktiziert hat sie bis zum Schluss. Auch ihren Glauben hat sie nicht aufgegeben. Das protestantische Ulm beerdigte sie in einem anonymen Grab. Die Sekte der »Streicherin« wurde aus der Stadt vertrieben.

▲ Der Reformator und Theologe Kaspar Schwenckfeld, geistlicher Lehrer von Agatha Streicher.

▼ Kaiser Maximilian II. war Agatha Streichers bekanntester Patient.

1630

Wallenstein braucht viel Ruhe

Der Dreißigjährige Krieg war eine Bühne für Abenteurer und Glücksritter. Sie konnten es weit bringen, wenn sie wussten, wo ihr Platz war. Wer dagegen den Bogen überspannte, fiel tief. Wallenstein ist das bekannteste Beispiel dafür. Auf dem Höhepunkt seiner Karriere kam er durch Ulm.

Als kaiserlicher Generalissimus war Wallenstein der mächtigste Mann im Reich. »Der Krieg ernährt den Krieg« war seine Devise. Er finanzierte die kaiserlichen Truppen mit Geldern, die ihm Hans de Witte, ein Holländer, vorstreckte. Seine Schulden trieb Wallenstein dann bei den Reichsständen ein.

1630 war Oberschwaben an der Reihe. Nach dem Sieg über den dänischen König 1629 sollte Wallenstein das Heer nun gegen das aufständische Mantua führen. Die Versorgung mit den bei den schwäbischen Ständen konfiszierten Geldern und Proviant organisierte sein Stellvertreter Wolffstirn von Memmingen aus. Ende Mai 1630 machte sich Wallenstein selbst dorthin auf den Weg. Er war damals bereits schwer an Gicht erkrankt und hatte vor seiner Abreise eine Kur in Karlsbad gemacht. Die Städte auf seiner Reiseroute waren seit längerem über sein Kommen informiert und hatten sich entsprechend vorbereitet. Ihnen war bekannt, dass der Herr gerne mit großem Hofstaat reiste.

Bei seinem Einzug in Ulm am 8. Juni (29. Mai alter Stil) zählte man insgesamt 56 Kutschen. Dazu kam noch seine berittene Leibgarde. Den Wochenmarkt hatte der Rat bereits um ein Uhr mittags geschlossen und die Händler aus der Stadt geschickt. Die Ulmer mussten in ihren Häusern bleiben. So lag eine unwirkliche Stille über der Stadt, als Wallenstein Quartier im Schad'schen Haus auf dem Weinhof bezogen. Als Ehrengeschenk überreichte ihm der Stadtrat ein silbernes Handbecken und eine silberne Gießkanne im Wert von 300 Gulden. Von seinen Räten erhielten jeder einen silbernen Becher. Die Kosten für Unterkunft und Verpflegung zahlte ebenfalls die Stadt. Wegen der Nachtruhe stellte man die Glocke im Schwörhaus ab, die Nachtwächter hatten sich still zu verhalten, und das morgendliche Trompetensignal blieb aus. Um acht Uhr in der Früh reiste der hohe Besuch weiter nach Memmingen. Sowohl Herr Schad als auch seine Bediensteten erhielten ein kleines Geschenk von je 40 Reichstalern.

Mantua fiel im Juli. Am 4. Oktober (24. September alter Stil) kam Wallenstein ein letztes Mal durch Ulm. Zwei Tage lang zogen seine Kutschen durch die Stadt. Viel Notiz nahm man nun allerdings nicht mehr von ihm. Auf einer Versammlung in Regensburg hatten die Kurfürsten bei Ferdinand II. seine Absetzung erreicht. Wallensteins Erpressungen waren nicht mehr zu ertragen. Außerdem lag ein starker Kaiser mit eigener Armee nicht in ihrem Interesse. Wallenstein akzeptierte die Entscheidung ohne Widerspruch. Mittlerweile war sein Geschäftsmodell zusammengebrochen. Hans de Witte hatte Selbstmord begangen, weil er die Kredite nicht mehr bedienen konnte. Wallenstein war bankrott. Seine Absetzung hatte für Deutschland verheerende Folgen. Im Juli 1630 landete der der schwedische König Gustav Adolf bei Usedom an der Ostseeküste. Der Krieg ging weiter, und der Kaiser hatte keine Armee mehr.

▲ Albrecht Wenzel Eusebius von Wallenstein, kaiserlicher Generalissimus im Dreißigjährigen Krieg.

▼ Die Befestigungen der Reichsstadt Ulm 1643, aus Merians Topographia Sueviae.

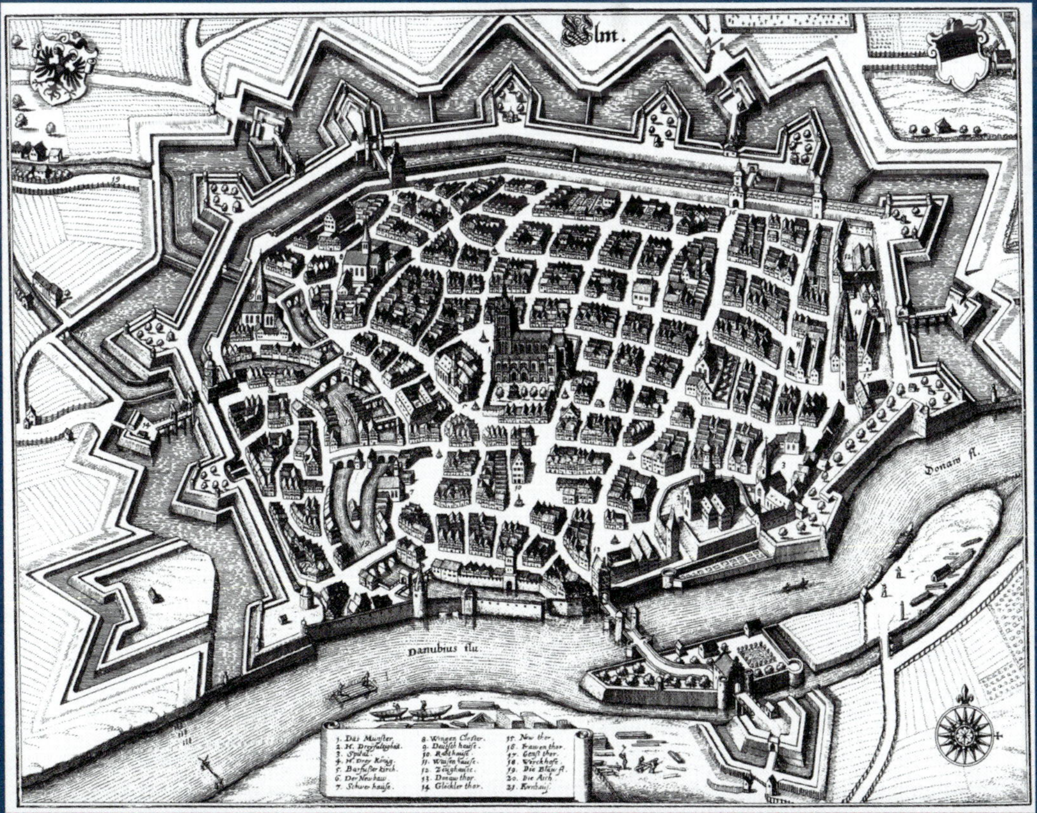

Ulm.
Donaw fl.
Danubius flu.
1. Das Munster.
2. H. Dreyfaltigkeit.
3. Spital.
4. H. Drey König.
5. Barfußer kirch.
6. Der Newbaw.
7. Schwerhauße.
8. Wingen Closter.
9. Deutsch hauße.
12. Zeughauße.
13. Donaw thor.
14. Glöckler thor.
15. New thor.
16. Frawen thor.
17. Genst thor.
18. Werckhofe.
19. Die Blaw fl.
20. Die Aich.

Chi ha Arte
Per tutto ha parte
Vera Effigies Viri Nobilissimi et Prudentissimi
DN. JOSEPHI FURTENBACHI, REIPUBL. ULM.
Senatoris et Architecti Ingeniosissimi, debiti honoris, et gratitu_
dinis ergo, picta et oblatá, ab Andrea Schuch Pictor.
A°. M.D.C.L.I. Ætat. 60.
Melchior Küsell Fec.

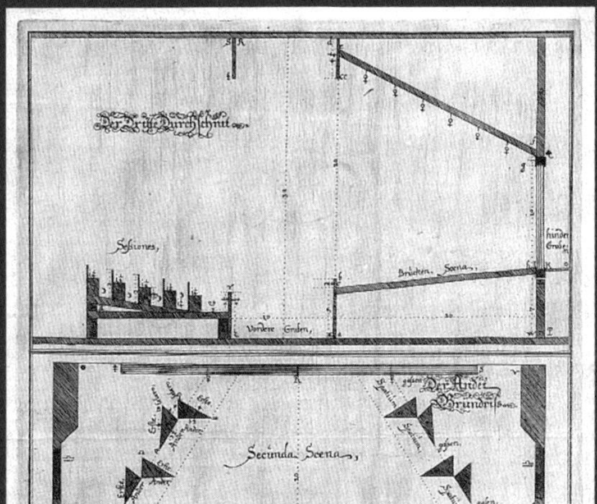
Der Dritt Durchschnitt
Sesiones
Brücken Scena
Vordere Graben
Der Andre Grundriss
Secunda Scena
Der vordere Graben
Sesiones

Die FACIA des Herren Joseph Furtenbachs Hauses.
Der vierte Boden des Hauses, alda die Kunst, unnd Rüstcamer zusehen ist.
die Lauben.
Büchercamer.
Rüstcamer.
Kunst Camer.

1641

Theatrum

Ob der Erzbischof von Salzburg, der Landgraf von Hessen oder der Kaiser in Wien: Im Barock hatten sie alle ihr eigenes Hoftheater. Ihre Architektur orientierte sich an den italienischen Theaterbauten. In den Städten spielte man dagegen, wo sich eine Gelegenheit bot, bis Furttenbach in Ulm das erste Stadttheater baute.

Hans Trost war der Vorsteher des Waisenhauses in Ulm. Im Jahr 1640 kam er mit einem besonderen Anliegen zum städtischen Baumeister Joseph Furttenbach. Er wollte mit seinen Zöglingen einige Theaterstücke aufführen, hatte aber keine Räumlichkeiten und keine Dekoration. Von Furttenbach wusste er, dass er sich mit der Einrichtung von Theatern auskannte.

Tatsächlich hatte Furttenbach, der ursprünglich aus Isny stammte, nach seiner Kaufmannslehre mehr als zehn Jahre in Italien gelebt und dort seine Begeisterung für Architektur und Kunst entdeckt. Unter den Kunstwerken, die er von seiner Reise mitgebracht hatte, befanden sich auch Konstruktionszeichnungen und ein Theatermodell von Giulio Parigi, an dessen Akademie in Florenz Furttenbach ein Jahr studiert hatte. Parigi galt damals als der führende Theaterarchitekt in Europa. Nach seinen Ideen plante Furttenbach den Theaterraum und die Bühnentechnik für Trosts Vorstellungen.

Den Rat, der sich anfangs gegen das »Narrenwerck« stellte, überzeugten schließlich die zu erwartenden Eintrittsgelder. Man überließ Furttenbach einen alten Stall für die Aufführungen. Der baute dort eine Bühne auf, wie er sie zuvor schon in seiner »Architectura recreationis« abgebildet hatte. Ein Rahmen mit Vorhang trennte die Bühne vom Zuschauerraum. Vor der Bühne gab es einen Graben für das Orchester, am Ende der Bühne einen für die fahrbaren Kulissen. Auf der Bühne standen links und rechts jeweils drei sogenannte Telari. Diese hohen dreieckigen Körper waren drehbar. Sie waren auf jeder Seite mit unterschiedlichen Dekorationen versehen und ermöglichten so einen schnellen Umbau des Bühnenbildes. Zwischen dem hinteren Graben und der Wand hing ein Vorhang. Dieser Bereich diente als Umkleideraum für die Schauspieler.

Die Vorstellung war ein solcher Erfolg, dass auch die Ulmer Meistersinger und der Rektor der Lateinischen Schule beim Stadtrat nachfragten, ob sie dort auftreten könnten. Nach längerem Zögern erhielt Furttenbach 1641 den Auftrag, im Binderhof neben der Dreifaltigkeitskirche in einem Kornstadel ein neues Theater einzurichten. Die Einweihung fand am 17. August statt. Dieses »Theatrum Comoediae« »nach italienischer und Florentiner Art« bot Platz für 600 Personen. Nach dem Ende des Dreißigjährigen Krieges kamen wieder mehr Theaterkompanien nach Ulm, das nun mit einem festen Schauspielhaus natürlich ein attraktiver Spielort war.

1650 wurde das Theater auf 800 Zuschauer vergrößert, 1665 von Furttenbach noch einmal repariert. Im Spanischen Erbfolgekrieg war es eine Kaserne für bayerische Soldaten. 1712 gab die Stadt das verwahrloste Gebäude auf und verlegte den Spielbetrieb in das städtische Wagenhaus in der heutigen Theatergasse.

▲ Porträt des Ulmer Baumeisters Joseph Furttenbach aus dem Jahr 1652.

◀ Furttenbachs Zeichnung seines Theaterhaus. Aus seiner Architectura recreationis 1640.

▶ Furttenbachs Wohnhaus in der Sterngasse 1, im Zweiten Weltkrieg zerstört. 1643.

1702

Bayerische und schwäbische Frauen

Der Tod des spanischen Königs löste den ersten Weltkrieg der Geschichte aus. Die Engländer besetzten damals Gibraltar, die Bayern Ulm. Der spanische Felsen ist noch heute britische Kronkolonie und lebt gut damit. Ulm war nur einige Jahre bayerisch, zahlte aber an den Kriegsfolgen bis zum Ende der Reichsstadtzeit.

Karl II. starb 1700 kinderlos. Er hinterließ ein Weltreich, zu dem neben Spanien und dem heutigen Belgien auch Teile Italiens und Kolonien in Lateinamerika, Afrika, Indien und im Pazifik gehörten. Auf sein Erbe hatten sich die Habsburger in Wien, die Bourbonen in Paris und die Wittelsbacher in München Hoffnungen gemacht. Doch der bayerische Kurprinz starb bereits 1699. Karl II. vermachte auf seinem Sterbebett sein Reich Philipp von Anjou, dem Enkel Ludwigs XIV. Für Kaiser Leopold I. und England, das weder ein spanisches noch ein französisches Weltreich wollte, war das 1701 ein Kriegsgrund. Der in seinen Hoffnungen enttäuschte bayerische Kurfürst Max Emanuel blieb zunächst neutral, verhandelte aber insgeheim mit den Franzosen. Im Herbst 1702 schlug er dann in Ulm zu. Günther von Pechmann, einer seiner Offiziere, hatte einen besonderen Plan.

Am 8. September öffneten die Ulmer Stadtsoldaten das Gänstor wie gewohnt. Draußen warteten schon mehrere Bäuerinnen und Bauern aus der Umgebung. Dass einige der Frauen die Gesichter von jungen Männern hatten, merkten sie nicht. Den Fremden, die sich im Inneren hinter ihnen versammelten, schenkten sie keine Beachtung. Die Herrschaften waren schon tags zuvor in die Stadt gekommen. Einer der Fremden schlenderte zum Tor hinaus und rückte an seinem Hut. Einer der Bauern ließ seine Hacke fallen. Plötzlich stürmten die verkleideten bayerischen Offiziere von allen Seiten mit Pistolen und Bajonetten bewaffnet auf das Tor los. Einer der Torwächter versuchte sich zu wehren und wurde erschossen. Die anderen ergaben sich kampflos. Auch Pechmann, der die Aktion befehligte, wurde verletzt und starb später. Sobald das Tor in bayerischer Hand war, ritt das Dragonerregiment, das in Sichtweite gewartet hatte, in die Stadt. Weitere Truppen rückten nach. Im Nu war die Stadtbefestigung rings um das Tor und das Zeughaus besetzt. Mittlerweile läuteten die Glocken Sturm. Die Ulmer bezogen entlang der Frauenstraße Stellung. Bei dem Schusswechsel gab es Tote, darunter auch Frauen. Auf weitere Kämpfe wollte es der Stadtrat nicht mehr ankommen lassen. Um 10 Uhr kapitulierte Ulm.

Zwei Jahre litt die Stadt unter den Besatzungstruppen. Am Anfang waren es nur die Bayern. Als 1703 die Franzosen den Rhein überschritten, feierten sie das baldige Eintreffen ihrer Verbündeten mit Hochrufen auf Ludwig XIV. und Max Emanuel bei einem Gelage im »Schwanen« auf dem Weinhof. Die Schwanenwirtin antwortete mit »Vivat Leopoldus«. Ihr Weinglas schleuderte sie aus dem Fenster auf die Gasse, wo es unbeschädigt liegen blieb.

Der französische Kommandeur presste in einem Jahr 420 000 Gulden aus der Stadt und ruinierte Ulm auf Jahrzehnte. Mit der vernichtenden Niederlage bei Höchstädt gegen die Österreicher und Engländer endete 1704 die Besatzungszeit, 1714 der Krieg.

»Vivat Leopoldus«. Der Pokal der Ulmer Schwanenwirtin aus dem Jahr 1703.

DONAUSCHWABEN
DEN TOTEN DER HEIMAT
DES KRIEGES UND DER VERTREIBUNG
BULKES
ZUM GEDENKEN
GLOGON
JABUKA
ZUM GEDENKEN
AN UNSERE OPFER UND UNSERE VORFAHREN
TSCHERWENKA-BATSCHKA
TORSCHAU
ERSTE DEUTSCHE PROTESTANTISCHE
GEMEINDE IN DER BATSCHKA
1784 1944
3886 612
EINWOHNER KRIEGSTOTE

18. Jahrhundert

Nach Osten

Not und Elend vertrieben viele Menschen in Süddeutschland aus ihrer Heimat. Sie kamen vor allem aus den bäuerlichen Schichten. Ihr gelobtes Land war nicht Amerika, sondern Ungarn. Dort versprach man ihnen nach dem Ende der Türkenkriege Haus und Hof. Das Tor zu einer besseren Zukunft war für sie Ulm.

Die erste große Auswandererwelle erfasste Oberschwaben 1712 noch während des Spanischen Erbfolgekrieges. Die Kriegsschäden waren so verheerend, dass einem Großteil der Bevölkerung die Lebensgrundlage fehlte. In manchen Regionen ernährten sie sich nur noch von Gras und Wurzeln. Die Obrigkeit, selbst finanziell ruiniert, konnte nicht helfen. So mussten sich die Werber, die durchs Land zogen und Siedler für die entvölkerten Ländereien ungarischer Magnaten wie des Fürsten Károlyi suchten, nicht sonderlich anstrengen. Mancher Landesherr war froh, wenn ein Teil seiner Untertanen sein Glück im Osten suchte, und ließ sie ohne große Schwierigkeiten ziehen.

Anders in Ulm. Da holte der Rat ein Rechtsgutachten ein, ob er die Auswanderung verhindern könnte. Das Urteil war negativ. Wer sich aus Leibeigenschaft und allen anderen finanziellen Verpflichtungen auslösen könne, den müsse man ziehen lassen. Daraufhin appellierte der Rat an die Bevölkerung, wenigstens abzuwarten, bis aus dem Osten nähere Informationen einträfen. Und da es außerdem bekannt war, dass Protestanten als Siedler im katholischen Ungarn nicht erwünscht waren, fuhren die ersten Schiffe und Flöße aus Ulm ohne Ulmer Richtung Wien. Mitte Juli trafen die erste Schreckensbotschaften ein. Die große Zahl an Menschen überforderte die ungarischen Adligen vollkommen. Es fehlte an Unterkünften und Verpflegung. Die Einheimischen verhielten sich ablehnend. Immer wieder wurden Siedler überfallen und aufgehängt. Im Oktober kamen die Ersten zurück nach Ulm. Den stetig anwachsenden Strom an Rückkehrern fing man bereits in Leipheim ab, weil man keine Seuchen in der Stadt haben wollte. Die Kranken, insgesamt 550, kamen dort ins Lazarett, die anderen schob man schnellstmöglich in ihre frühere Heimat ab.

Die Auswanderung nach Ungarn stoppte dieses Desaster nur kurz. Schon 1722 machten sich neue Siedler auf den Weg. Diesmal war alles besser organisiert. Fortan riss der Strom an Auswanderern nicht mehr ab. Der Rat sorgte dafür, dass sie sich nicht zu lange in der Stadt aufhielten. Die konfessionellen Gegensätze brachten erhebliche Probleme mit sich. Taufen, Eheschließungen, Sterbesakramente – all das akzeptierten die Durchreisenden nur von katholischen Pfarrern. Aus Angst, in protestantischer Erde begraben zu werden, verließ mancher Todkranke noch schnell die Stadt. Für die Schiffsleute war es ein gutes Geschäft, auch wenn sie in Spitzenzeiten wie in den Jahren zwischen 1769 und 1783 nicht mehr wussten, wie sie all die Menschen transportieren sollten. 1781 erließ der österreichische Kaiser Josef II. ein Toleranzedikt, das auch Protestanten die Zuwanderung ermöglichte. Jetzt machten sich auch viele Ulmer auf den Weg. Bis 1787, als die Auswanderungswelle schließlich abebbte, hatten 850 das Ulmer Territorium verlassen.

▲ Die Ulmer Fährleute brachten die Auswanderer mit ihren Schiffen bis nach Wien.

▼ Die Gedenktafeln an der Ulmer Stadtmauer erinnern an die Schwabenzüge des 18. Jahrhunderts.

1743

Kuen malt Barock

Ausgerechnet im reformierten Ulm erhielt einer der berühmtesten schwäbischen Barockmaler seinen ersten Auftrag. Ohne gute Beziehungen wäre das nicht möglich gewesen. Doch Abt und Probst des Wengenklosters hatten eine Plan. Und der ging für den Weißenhorner Künstler Franz Martin Kuen auf.

Ende des 17. Jahrhunderts ersetzte das Wengenkloster, das die Reformation überstanden hatte, seine mittelalterlichen Konventsgebäude durch barocke Neubauten. Unter Abt Braunmiller gestaltete man bis 1738 die Klosterkirche im Rokoko-Stil neu. Mit dem Deckenfresko wartete er allerdings noch etwas. An dieser exponierten Stelle sollte nach seinem Willen ein Gemälde entstehen, das sowohl mit seinem Bildprogramm wie auch durch seine künstlerische Qualität die Rolle des Klosters als Verteidiger des rechten Glaubens und dessen Überlegenheit über die evangelische Kirche unzweifelhaft zum Ausdruck bringt.

Den Auftrag erhielt 1743 der 24 Jahre junge Franz Martin Kuen aus Weißenhorn. Sein Vater besaß dort eine gut gehende Malerwerkstätte und hatte schon für die Klöster Elchingen und Rot an der Rot gearbeitete. Die Familie war überhaupt sehr religiös. Pater Hermann im Prämonstratenserkloster Roggenburg war ein Bruder von Franz Martin Kuen. Franz Josef, ein anderer Bruder, war Probst im Wengenkloster, Abt Braunmiller war sein Onkel. Dass die beiden ihn das Deckenfresko malen lassen wollten, war allerdings nicht nur Vetterleswirtschaft. Kuen hatte Talent. Das hatte er während seiner Lehre bei seinem Vater bewiesen. Doch für die Wengenkirche hatte er noch einiges zu lernen. Dafür ging er nach Augsburg an die Akademie von Johann Georg Bergmüller, dem Maß aller Dinge für die süddeutschen Rokokomaler. Nach 1740 war er wieder in Weißenhorn. Zusammen mit Abt und Probst entwarf er ein Bildprogramm für die Klosterkirche. Die Spitze gegen das protestantische Ulm war offensichtlich. Im Mittelpunkt stand der Erzengel Michael, nicht nur als Namenspatron des Klosters, sondern auch, weil er in der katholischen Kirche als der Vorkämpfer für den rechten Glauben galt. »Contra omnes Haeres«, »Gegen alle Häretiker«, stand unter einem Bild des Augustinus vor dem Choreingang in der Kirche.

Das Deckenfresko in der Wengenkirche machte Kuen mit einem Schlag bekannt. Ein Jahr später, 1744, malte er für die Benediktiner in Wiblingen die Klosterbibliothek aus. Voller Selbstbewusstsein versteckte er in seinem bekanntesten Werk ein Porträt von sich. Diesen Kniff wandte er in den folgenden Jahren noch mehrmals an. Zwischen 1745 und 1747 finanzierte ihm Abt Braunmiller eine Studienreise nach Italien. In Venedig lernte er in der Werkstatt des berühmten Tiepolo. Zurück in Deutschland konnte er sich vor Aufträgen nicht mehr retten. Bis zu seinem Tod 1771 arbeitet an über 50 Orten zwischen Donau und Bodensee, malte in Kirchen und Schlössern, porträtierte hochgestellte Persönlichkeiten. Zentrum seines Wirkens war das Kloster Roggenburg.

Sein Erstlingswerk in der Wengenkirche ging in den Bombenangriffen 1944 unter. Auf Farbdias, die vor der Zerstörung angefertigt wurden, kann man noch heute seine Kunst bewundern.

Der Bibliothekssaal im Kloster Wiblingen. Kuens frühes Meisterwerk.

1802

Ein Freiherr zu Besuch

Reichsstädte wie Ulm waren jahrhundertelang tragende Säulen des Reiches. Mit ihrer Wirtschaftskraft halfen sie den Herrschern mehr als einmal aus finanziellen Schwierigkeiten. Dass der österreichische Kaiser sie dann einfach fallen ließ, das hatten sie nicht erwartet.

Am Abend des 30. August 1802 hielt die Kutsche des Freiherrn Friedrich Wilhelm von Hertling vor dem Ulmer Rathaus. Dem Ratskonsulenten Miller, den er als Einzigen antraf, teilte er mit, dass er dem Stadtrat am folgenden Tag die Beschlüsse seiner kurfürstlichen Majestät Maximilian IV. Joseph von Bayern verkünden wolle. Hertling war den Ulmer Ratsherren kein Unbekannter. Als bayerischer Gesandter war er seit zehn Jahren bei allen Tagungen des Schwäbischen Kreises in Ulm anwesend und kannte die politischen Verhältnisse bestens. Sein Kommen hatte man erwartet. Bereits am 29. August waren bayerische Truppen, 95 Mann stark, in Albeck und Langenau einmarschiert. Jedem war klar, was nun folgen würde.

Am Morgen des 31. August verkündete Hertling dem versammelten Stadtrat, dass Ulm zukünftig zu Bayern gehöre. Die momentanen Zustände, so führte Hertling aus, seien als ein Provisorium zu verstehen und dienten lediglich der Sicherung der dem bayerischen Kurfürsten durch Verträge zugesprochenen Entschädigungen. Die Zivilverwaltung bleibe zunächst unangetastet. Zur Beglaubigung seiner Ausführungen überreichte er den Stadtoberen ein Schreiben des Kurfürsten. Gleichzeitig kündigte er für die folgenden Tage weitere bayerische Truppen unter dem Kommando des Generalmajors von Gaza an. Am 2. und 3. September marschierten dann 800 Mann Infanterie, 125 Kavalleristen und 35 Mann berittene Artillerie in Ulm und Söflingen ein. Die Stadttore kontrollierten nun die Bayern, die städtischen Soldaten hatten für Ordnung und Ruhe in der Stadt zu sorgen.

Gaza bezog Quartier im Wengenkloster, sein Oberleutnant im Salmannsweiler Hof. Die anderen Offiziere kamen in Gasthäusern oder bei den Patriziern unter. Die einfachen Soldaten wurden bei den Bürgern einquartiert, bis das Wengenkloster als Kaserne bezugsfertig war. Dafür schickte man den letzten Abt Nikolaus Bucher und die restlichen Chorherren auf die umliegenden Pfarreien oder in den Ruhestand. Auch Elchingen, Wiblingen und das Klarissenkloster Söflingen wurden aufgelöst. Die Archive wurden beschlagnahmt, damit man die erworbenen Besitztümer und Rechte feststellen konnte. Die Bibliotheken und anderen Kunstgegenstände schickte man entweder nach München oder verkaufte sie.

Wie Ulm erging es in diesen Tagen auch den anderen Reichsstädten, Reichsabteien und Reichsrittern in Oberschwaben und im Bodenseeraum. Was nicht an Bayern fiel, holten sich Württemberg oder Baden. Insgesamt 112 Abteien, Städte und Grafschaften verloren in ganz Deutschland

◀ Kurfürst Maximilian IV. Joseph, später als Maximilian I. Joseph König von Bayern.

▶ Der deutsche Kaiser Franz II., ab 1806 als Franz I. nur noch Kaiser von Österreich.

ihre Reichsfreiheit. Sie bezahlten die Rechnung für den Krieg, den Österreich und seine Verbündeten zwischen 1799 und 1800 mit Frankreich geführt und verloren hatten.

Der Friede von Lunéville vom 9. Februar 1801 leitete das Ende des Heiligen Römischen Reiches ein. Frankreich forderte alle linksrheinischen Gebiete für sich. Dafür sollten die betroffenen Fürsten mit umfangreichen Mediatisierungen und Säkularisierungen im Reich, oder was davon noch übrig war, entschädigt werden. Zu den allgemeinen Friedensbedingungen mit dem Kaiser kamen im Laufe der folgenden Monate zahlreiche Einzel- und Geheimverträge, mit denen die deutschen Fürsten, darunter auch wieder der Kaiser als österreichischer Landesherr, sich bei Napoleon ihren Anteil an der Beute sicherten. Dem ganzen Vertragswerk musste noch eine Reichsdeputation in Regensburg, die der deutsche Kaiser auf den 24. August 1802 einberufen hatte, zustimmen.

Als immer mehr von den Vertragsbedingungen in die Öffentlichkeit gelangten, versuchten die Reichsstädte in Oberschwaben das drohende Unheil abzuwenden. Am 16. August 1802 trafen sich 30 von ihnen in Ulm. In dem naiven Glauben, den Lauf der Dinge noch beeinflussen zu können, schickten sie den Ulmer Ratskonsulenten Härlin und den Rottweiler Schultheißen Hofer zu Verhandlungen nach Regensburg. Dass ihre Gesandtschaft nie eine Aussicht auf Erfolg hatte, merkten diese spätestens, als sie von den Ereignissen in Ulm erfuhren. Die Fürsten hatten nie die Absicht, das Ende der Verhandlungen abzuwarten. Von Hertling hatte vor seinem Besuch in Ulm am 26. August Kaufbeuren, am 27. Kempten für Bayern annektiert. Von Ulm reiste er nach Nördlingen, Bopfingen und Dinkelsbühl weiter. Härlin und Hofer konnten in Regensburg noch ihre Beschwerde vorlegen, die nahm aber niemand mehr zur Kenntnis.

Am 29. November 1802 war Hertling wieder in Ulm. Aus dem Provisorium war inzwischen durch die Beschlüsse der Reichsdeputation politische Realität geworden. Als zuständiger Generalkommissar vertrat Hertling von nun an die bayerische Regierung in der Stadt. Der bisherige Stadtrat blieb unter dem Titel eines kurfürstlichen Interims-Stadtrates zunächst geschäftsführend im Amt. Mit dem Eid auf den bayerischen Kurfürsten endete die Reichsunmittelbarkeit. An allen Gebäuden und Toren entfernte man den Reichsadler und ersetzte ihn durch das bayerische Wappen.

Bis auf die Patrizier trauerten die meisten Ulmer dem Ende ihrer Freiheit nicht nach. Die Stadt saß auf einem Berg Schulden, und von der bayerischen Regierung erhoffte man sich einen wirtschaftlichen Aufschwung. Im Dezember schickte der Stadtrat eine Deputation nach München, um den Kurfürsten die »unterthänigste Devotion« zu erweisen. Am 12. April 1803 beehrte dann der Kurfürst persönlich Ulm. In München hatte man große Pläne mit der Stadt. Ulm sollte den Rang einer bayerischen Hauptstadt in Schwaben erhalten. Damit hätten alle Regierungsbehörden für die neuen Gebiete ihren Sitz in Ulm genommen. Weniger erfreut war man in München, als man sich einen Überblick über die reichsstädtischen Schulden verschafft hatte. Die – übertriebene – Hoffnung in Ulm, der Kurfürst würde sie alle anstandslos übernehmen, ging nicht in Erfüllung.

1810 kam Ulm an Württemberg. Die Wappen wurden wieder ausgewechselt. Was blieb, waren nach wie vor die Schulden. An deren Tilgung beteiligte der württembergische König Ulm in nicht unerheblichem Maße.

König Friedrich I. von Württemberg. Ab 1810 war er der neue Herr von Ulm.

1805

Der Kaiser auf dem Fels

Die Revolutionskriege hatten Ulm schwer in Mitleidenschaft gezogen. Wer von Frankreich nach Wien oder von Österreich nach Paris wollte, der kam an Ulm nicht vorbei. Plünderungen und Belagerungen rissen nicht ab. Von all den Kämpfen in diesen Jahren war die Schlacht bei Elchingen die blutigste.

Mitten in den Vorbereitungen zur Invasion Englands erreichte Napoleon 1805 die Nachricht, dass sich Österreich am 9. August mit Russland und den Briten verbündet hatte. Ein neuer Krieg in Deutschland stand unmittelbar bevor. Am 30. August setzte Napoleon die Grande Armée von der Kanalküste bei Boulogne in Richtung Süddeutschland in Marsch. Mit Bayern hatte er seit dem 24. August ein Bündnis, in den folgenden Wochen schlossen sich Baden und Württemberg an.

In Österreich hatte sich Erzherzog Karl lange der Allianz mit Russland und England widersetzt. Er war der festen Überzeugung, dass die österreichische Armee nach den letzten Niederlagen noch nicht bereit für einen neuen Krieg mit Frankreich sei. Beim Kaiser durchgesetzt haben sich schließlich die Kriegstreiber, zu denen auch Feldmarschall Mack gehörte. Er erhielt den Oberbefehl über die österreichischen Truppen in Deutschland. Erzherzog Karl schob man auf den Nebenkriegsschauplatz Italien ab.

Am 8. September überschritt Mack den Inn und nahm München ein. Dann rückte er weiter Richtung Iller vor. Die bayerischen Truppen wichen, wie mit Napoleon abgesprochen, seinem Vormarsch aus. General Wrede verließ mit seinen Einheiten Ulm am 17. September gerade noch rechtzeitig Richtung Franken. Am 19. September erreichten die ersten österreichischen Verbände die Stadt.

Mack bezog bis zum Eintreffen der russischen Verbündeten eine Verteidigungsstellung zwischen Ulm und Memmingen. Den Vormarsch der Franzosen erwartete er wie üblich über das Elsass und den Hochrhein die Donau abwärts nach Ulm. Bestärkt hatte ihn in seinem Aufmarschplan ein ungarischer Edelmann, den er in Wien kennengelernt und der ihm seine Dienste als Spion angeboten hatte. Daran, dass dieser Mann, der eigentlich aus Baden stammte und Karl Ludwig Schulmeister hieß, ein französischer Spion sein könnte, hat Mack offensichtlich keine Sekunde gedacht. Napoleon war durch ihn von Anfang an über die österreichischen Kriegspläne und Truppenbewegungen bestens unterrichtet.

Während im Schwarzwald französische Einheiten einen Angriff vortäuschten, umging die Grande Armée im Norden die Österreicher weiträumig. Sie überschritt nördlich von Straßburg den Rhein und rückte über Heidelberg und Stuttgart nach Bayern vor. Am 6. Oktober war sie in Donauwörth, wenig später in Augsburg.

▲ Die Schlacht um Elchingen am 16. Oktober 1805. Gemälde von Camille Roqueplan.

▼ Napoleon nimmt die Kapitulation der österreichischen Armee unter General Mack entgegen.

Mack erwartete immer noch den französischen Angriff aus dem Elsass und hatte inzwischen seine gesamte Armee in Ulm zusammengezogen, ohne zu ahnen, in welch schwieriger Lage er sich befand. Über die feindlichen Truppen in seinem Rücken war er nur unzureichend informiert, und dass die Verteidigungsanlagen Ulms in sehr schlechtem Zustand waren, ignorierte er. Er hörte weiter auf den ungarischen Adeligen, der ihm erzählte, dass in Paris eine Rebellion gegen Napoleon ausgebrochen sei und der Kaiser demnächst zur Sicherung seiner Herrschaft den Rückzug antreten müsse. Mack müsse nur noch einige Tage in Ulm aushalten. Genau so lange brauchte Napoleon, um die Stadt vollständig einzuschließen. In der Nacht vom 9. auf den 10. Oktober eroberte der französische Marschall Ney Günzburg und marschierte Richtung Donaubrücke bei Elchingen. Immer mehr französische Einheiten tauchten im Rücken von Mack auf.

Statt Ulm nun schnellstmöglich zu räumen, setzte Mack am 13. Oktober 15 000 Mann Richtung Osten mit dem Auftrag in Marsch, die französischen Linien zu durchbrechen und Verbindung mit den verbündeten Russen aufzunehmen. Wo die sich gerade aufhielten, wusste er allerdings nicht. Nur mühsam kamen die Truppen auf den vom Regen aufgeweichten Wegen voran. Am Abend erreichten sie Oberelchingen, vertrieben die Franzosen und besetzten die Donaubrücke.

Am 14. Oktober ging Marschall Ney zum Gegenangriff über. Seine Truppen eroberten die Brücke zurück. Um Elchingen wurde den ganzen Tag erbittert gekämpft. Die Verluste waren groß, 3000 bis 4000 Mann auf beiden Seiten. Schließlich zogen sich die Österreicher nach Ulm zurück. Am selben Tag fiel Memmingen in die Hand der Franzosen. Mack saß in der Falle. Inzwischen war Napoleon mit den restlichen Truppen eingetroffen. Der Belagerungsring um Ulm wurde immer enger. Vom Michelsberg aus begannen die Franzosen am 15. Oktober mit der Beschießung der Stadt.

Die Zustände in Ulm waren katastrophal. Verpflegung gab es kaum noch. Die Soldaten wärmten sich auf der Straßen an Feuern aus Holzläden und Haustüren. Kleidung und Schuhe waren durch den heftigen Regen vollkommen durchnässt. Schutzlos dem Artilleriefeuer ausgesetzt, brach die Moral der österreichischen Truppen zusammen. Mack kapitulierte am 17. Oktober bedingungslos.

Am 20. Oktober inszenierte Napoleon seinen Sieg. Der Kaiser hielt mit seinem Pferd auf einem Felsvorsprung unterhalb des Michelsberges. Von dort aus sah er zu, wie 25 000 Österreicher beim Frauentor aus der Stadt marschierten und ihre Waffen niederlegten. Anschließend defilierten sie unterhalb des Felsvorsprungs an Napoleon vorbei und gingen als Gefangene über das Neutor zurück nach Ulm. Die österreichischen Offiziere konnten gegen das Ehrenwort, nicht mehr gegen Napoleon zu kämpfen, abziehen. Bei den Ulmern hieß seit diesem Tag die kleine Erhebung Napoleonsfelsen. Er wurde 40 Jahre später beim Eisenbahnbau gesprengt.

Für Napoleon war der Weg frei nach Wien. Am 13. November marschierte er in der österreichischen Hauptstadt ein. In der Dreikaiserschlacht bei Austerlitz besiegte er die vereinten österreichisch-russischen Truppen. Bayern wurde mit weiteren territorialen Zugewinnen belohnt. Zusammen mit Württemberg erhob Napoleon es zum Königreich. 1806 legte Franz II. die deutsche Kaiserkrone nieder und nannte sich nun nur noch Kaiser von Österreich. Das Heilige Römische Reich deutscher Nation gab es nicht mehr.

Marschall Ney erhielt den Titel eines Herzogs von Elchingen. Charles Schulmeister wurde mit Geld belohnt. Feldmarschall Mack verurteilte ein österreichisches Militärgericht 1807 zu zwei Jahren Festungshaft.

▲ Der französische Marschall Ney erhielt nach der Schlacht den Titel Duc d'Elchingen.

▼ Bei Austerlitz besiegte Napoleon den deutschen Kaiser und den russischen Zaren.

Flugmaschine
Verfertiget von Berblinger in Ulm
Ansicht des Profils.
Ansicht der Flæche.
6 Schuhe

1811

Abgestürzt

Albrecht Berblinger inspirierte viele Menschen. Die einen zu Theaterstücken und Filmen, die anderen zu Spottgedichten. Früher hielt man ihn für einen Träumer, heute sieht man in ihm einen Visionär. Was bleibt, ist die Erkenntnis, dass man mit seiner Konstruktion tatsächlich fliegen kann.

Albrecht Berblinger hatte im Jahr 1811 schon einiges geschafft. Als Waise vom Fundenhaus in eine Schneiderlehre geschickt, war er bereits 1791 mit 21 Jahren Schneidermeister, mit 22 Jahren verheiratet. Zeitweise hatte er zwei bis drei Gesellen und bildete selber Lehrlinge aus. Dann gab es wieder Phasen, in denen das Geschäft nicht so gut lief. Immer wieder versuchte er, etwas dazuzuverdienen. Einmal bot er Kinderwagen zum Verkauf an, ein anderes Mal fertigte er für Invaliden Beinprothesen. Die pries er beim bayerischen König an, doch der schwieg nur. Geschäftstüchtig war er also, ob aus Not oder Gewinnstreben, lässt sich nicht sagen.

Am 24. April 1811 schaltete er eine Anzeige in der »Schwäbischen Chronik«: Er habe eine Flugmaschine erfunden, »mit der er in einigen Tagen hier in Ulm seinen ersten Versuch machen wird, an dessen Gelingen er (...) nicht im Geringsten zweifeln zu dürfen glaubt«. Die Maschine, so weiter, könne im Gasthaus »Zum Goldenen Kreuz« besichtigt werden. Dort hing sie von der Decke, und ab und zu schnallte sie Berblinger um, um zu einem Flug durch den Gastraum zu starten.

Wie dieser Flugapparat tatsächlich konstruiert war, weiß man nicht genau. Zu seinem Bau könnte er durch entsprechende Berichte über andere Flugpioniere, z. B. über Jakob Degen in Wien, angeregt worden sein. Aufgrund einiger Zeichnungen und Kupferstiche hat man eine Rekonstruktion versucht, die sich tatsächlich als flugtauglich erwies. Berblingers Flugversuche an den Hängen rund um die Stadt waren ein offenes Geheimnis. Von Gustav Leube ist die Bemerkung überliefert, er habe den Schneider fliegen gesehen.

Als der württembergische König seinen Besuch ankündigte, kam Berblinger auf die Idee, an diesem Tag seinen Apparat endlich vorzuführen. Dafür ließ er auf der Adlerbastei an der Donau eine Absprungrampe errichten. Doch als er am 30. Mai vor König und Honoratioren absprungbereit auf dem Holzgerüst stand, brach ihm einer seiner Flügel. Daraufhin musste er abbrechen. Der König wäre damit zufrieden gewesen. Er ließ ihm als Anerkennung 20 Louisdor übergeben. Berblinger jedoch fühlte sich in seiner Ehre gekränkt und kündigte auf den nächsten Tag einen neuen Versuch an. Zu dem zog er in Begleitung zweier Trompeter mit angeschnallten Flugapparat, zirkusreif auf einem Pferd sitzend, durch die Stadt Richtung Adlerbastei. Diesmal sprang er tatsächlich – und fiel wie ein Stein in die Donau. Dass an einem Fluss wegen der Abwinde kein Gleitflug möglich war, konnte Berblinger damals nicht wissen. Während ihn die Fischer mit ihren Booten aus dem Wasser zogen, bogen sich die Zuschauer am Ufer vor Lachen.

Angeblich ließ sich Berblinger nach seinem Absturz einige Tage nicht mehr in der Stadt blicken. Gesellschaftlich ruiniert und dem allgemeinen Spott ausgeliefert war er allemal. Er starb 1829 im Armenhaus.

Die Flugmaschine des »Schneiders von Ulm« nach einem Kupferstich von Johannes Hans 1811.

1844

Ein Preuße baut in Ulm

Seit den Revolutionskriegen verfügte Ulm über keine Befestigungsanlagen mehr. Eine Situation, die der strategischen Lage der Stadt nicht entsprach. Abhilfe schaffen sollte Major von Prittwitz. Sein vorausschauendes Planen eröffnete Ulm neue Möglichkeiten und prägt das Stadtbild bis heute.

Bereits 1815 beschloss der Deutsche Bund den Bau einer Festung in Ulm, um den Oberrhein, Süddeutschland und Österreich in Zukunft wieder besser vor Angriffen aus Frankreich schützen zu können. Doch der Nachfolger des Deutschen Reiches war eine schwerfällige Institution. Der Beginn der Arbeiten verzögerte sich bis 1842. Dann erfolgte in Ulm der erste Spatenstich, während man im bayerischen Neu-Ulm, das auch in die Befestigung einbezogen werden sollte, noch mit organisatorischen Problemen kämpfte. Immerhin erfolgte die offizielle Grundsteinlegung am 18. Oktober 1844, dem Jahrestag der Völkerschlacht von Leipzig, mit der 1813 die Vertreibung Napoleons aus Deutschland begann, auf beiden Seiten der Donau gleichzeitig.

Die Leitung auf Ulmer Seite hatte Major von Prittwitz. Er hatte beim Bau der Festung Posen sein Können gezeigt, und da Württemberg nicht über annähernd so qualifizierte Offiziere verfügte, lieh ihn der preußische König nach Süddeutschland aus. Prittwitz war für Ulm ein Glücksfall, auch wenn das mancher Ulmer später während den Bauarbeiten anders sah. Der Major verfügte über den nötigen Weitblick, die Festungsanlagen so zu planen, dass sie auf absehbare Zeit die Stadtentwicklung nicht behindern würden. Zwischen den neuen Wallanlagen, den zahlreichen Vorwerken und vor allem zwischen der Zitadelle auf dem Michelsberg und dem mittelalterlichen Stadtkern ließ er genug Raum für neue Wohnquartiere und Gewerbeflächen. Sogar die neuen Eisenbahnlinien fanden ohne Probleme Platz.

Für Ulm brachten die Bauarbeiten viel Geld in Stadt. Zeitweise waren bis zu 8000 Arbeiter aus Tirol, Sachsen und Schlesien beschäftigt. Alle brauchten Unterkunft und Verpflegung. Wer Pferde und Kutschen besaß, verdiente als Transportunternehmer beim Festungsbau gutes Geld. Viele Äcker waren auf einmal lukratives Bauland. Die Revolution 1848 zeigte dann allerdings schnell, wie fragil das Wirtschaftswunder war. Der Deutsche Bund war nicht mehr handlungsfähig und stellte die Zahlungen ein. Prittwitz blieb nur noch, die Baustelle wetterfest zu machen. Unmut und Existenzangst in der Bevölkerung nahmen zu. Auf einmal waren die Entschädigungszahlungen für die Bodenenteignungen zu gering. Die Schuld daran und an allen anderen Schäden, die durch die Festungsbauten verursacht wurden, sah man natürlich bei Prittwitz. Stimmen wurden laut, die seine Ablösung forderten. Der württembergische König gab nach, obwohl sich die Offiziere der Bauleitung ausdrücklich für Prittwitz ausgesprochen hatten. 1850 wurde er durch Major von Erhardt abgelöst.

Bis 1851 finanzierte der württembergische König die Fortsetzung der Bauarbeiten, dann sprang wieder der Deutsche Bund ein. Die Bundesfestung wurde 1859 fertiggestellt. In Friedenszeiten lag hier eine Garnison von 5000 Mann.

▲ Der Festungsbaumeister Moritz Karl Ernst von Prittwitz und Gaffron. ▼ Das Ehinger Tor um 1904. Damals hatte die Bundesfestung keine militärische Funktion mehr.

Ulm, 1904.
Ehigr Tor .W II.

1848

Schifterling und der Schiffskrawall

Die Revolution von 1848 führte auch in Ulm zu hitzigen Diskussionen. Die politische Auseinandersetzung fand teilweise mit fragwürdigen Methoden statt. Der Überfall von Garnisonssoldaten auf eine friedliche Versammlung in einem Gasthaus sorgte über die Stadtgrenze hinaus für Aufsehen.

Einer der radikalsten Republikaner im revolutionären Ulm war Georg Bernhard Schifterling. In Creglingen geboren, war es ein Zufall, der ihn an die Donau führte. In ärmlichen Verhältnissen aufgewachsen, wollte er ursprünglich Pfarrer werden. Nach mühevollem Studium erhielt er 1843 tatsächlich die ersehnte Vikarstelle. Doch seine unbeherrschte Art führte schnell zu seiner Entlassung und brachte ihm, als er seinem Ärger darüber Luft machte, 1847 auch noch eine sechswöchige Haft auf dem Hohenasperg ein. Dort lernte er den Fabrikanten Wieland kennen, der eine Haftstrafe wegen Körperverletzung verbüßte. Durch ihn kam er nach seiner Entlassung nach Ulm.

In der Revolution sah Schifterling die Chance auf eine bessere und gerechtere Welt. Die, so seine feste Überzeugung, konnte nur in einer Republik und unter politischer Beteiligung der Arbeiter verwirklicht werden. Eine Monarchie lehnte er aufgrund seiner persönlichen Erfahrungen ab.

Am 1. April 1848 übernahm er die Redaktion des »Erzählers an der Donau«. Innerhalb weniger Wochen machte er aus dem bis dahin unbedarften Unterhaltungsblatt eine radikaldemokratische Zeitung. Seine Artikel brachten ihm schon bald eine Anklage wegen Majestätsbeleidigung ein. Am 24. April wurde er verhaftet. Den Tag hatte die Regierung mit Absicht gewählt. Es war der erste Wahltag zur Frankfurter Nationalversammlung, und die Festnahme Schifterlings war eine Warnung an alle Republikaner. Doch seine aufgebrachten Anhänger befreiten ihn aus der Kutsche, die ihn nach Stuttgart bringen sollte. Schifterling blieb vorerst in Ulm. Am Wahlsieg des liberalen Kandidaten über den Republikaner Friedrich Albrecht änderte das allerdings nichts.

Um solche Niederlagen in Zukunft zu verhindern, rief Schifterling den Ulmer Arbeiterverein ins Leben. Mit dem »Demokratischen Verein«, den er auf einer Versammlung im Gasthaus »Schiff« am 27. Juni 1848 gründen wollte, hoffte er, auch das Bürgertum für die Republik gewinnen zu können. Mehrere Hundert Menschen folgten seiner Rede, als plötzlich Soldaten mit gezogenen Säbeln durch Türen und Fenster in den Saal stürmten und auf die Zuhörer einschlugen. 42 Personen wurden verletzt, einer so schwer, dass er Tage später starb. Hinter dem Anschlag, der schnell überall als »Schiffskrawall« bekannt war, standen königstreue Offiziere, denen Schifterlings republikanische Umtriebe zu weit gingen. Dank Bürgermeister Schuster konnten weitere Ausschreitungen verhindert werden. Die Regierung verschleppte in den folgenden Monaten das Verfahren gegen die Offiziere absichtlich und fällte schließlich sehr milde Urteile.

Zur Gründung des »Demokratischen Vereins« kam es nicht mehr. Schifterling drohte weiterhin eine Verurteilung wegen Majestätsbeleidigung. Am 12. April 1849 verließ er Ulm Richtung Amerika, wo er 1880 starb.

Die deutsche Nationalversammlung in der Frankfurter Paulskirche 1848.

1850

Haßler

Wer an Conrad Dietrich Haßler denkt, dem fällt als Erstes sein unermüdlicher Einsatz für die Restaurierung und Fertigstellung des Ulmer Münsters ein. Dabei wird allerdings oft vergessen, was er darüber hinaus für Ulm, Württemberg und Deutschland als Politiker und Wissenschaftler geleistet hat.

Dass ihn sein Lebensweg nach Ulm führen würde, war nicht selbstverständlich. 1803 als Sohn des Diakons Conrad Haßler in Altheim auf der Alb geboren, schien es anfangs so, als würde auch er die geistliche Laufbahn einschlagen. Zwischen 1820 und 1825 studierte er in Tübingen Theologie und Philosophie und in Paris Orientalistik. Zurück in Deutschland musste er sich eingestehen, dass eine Pfarrstelle nicht das Richtige für ihn war. Nachdem seine Bemühungen um einen Lehrstuhl in Tübingen gescheitert waren, ging er im Oktober 1826 als Professor an das Gymnasium in Ulm, wo er zwischen 1814 und 1816 selbst zur Schule gegangen war. Damals hatte er bei seinem Onkel gewohnt. Sein Großvater war hier Rektor des Gymnasiums gewesen. Diese familiären Verbindungen öffneten ihm in Ulm selbstverständlich schnell Tür und Tor. Bereits 1827 heiratet er standesgemäß Margarete Müller, die Tochter des Ulmer Stadtpfarrers.

Als umtriebiger Mensch mit vielerlei Interessen engagierte er sich von Anfang an im städtischen Vereinsleben und der Kommunalpolitik. Großen Erfolg hatte er als Mitglied der »Ulmer Eisenbahngesellschaft«. Dem Verein gelang es tatsächlich, in Stuttgart die für Ulm günstigere Streckenführung über das Filstal durchzusetzen. Im Laufe der nächsten Jahre entwickelte sich die Stadt wieder zu einem Verkehrsknotenpunkt und legte damit das Fundament für den späteren wirtschaftlichen Aufschwung.

1844 wählten die Ulmer den omnipräsenten Professor als einen der jüngsten Abgeordneten in das württembergische Parlament. Für Haßler schien alles nach Wunsch zu laufen. Doch in Stuttgart kam schnell die Ernüchterung. Haßler wollte etwas bewegen, doch das war nicht erwünscht. Die Entscheidungen traf der König, der Einfluss des Parlaments beschränkte sich auf die Zustimmung oder Ablehnung der Steuern. Haßler arbeitete in zahlreichen Kommissionen mit, musste sich aber am Ende eingestehen, dass sein Einsatz ihm nur Ärger einbrachte. Von der Politik desillusioniert, beschloss er, für die nächste Sitzungsperiode nicht mehr zu kandidieren.

Da brach 1848 die Revolution aus. In Frankfurt sollte ein Vorparlament zusammentreten, zu dem auch Württemberg seine Vertreter, darunter Haßler, entsenden sollte. Am 5. März nahm er an einer Versammlung liberal-demokratischer Abgeordneter des Landtages in Heidelberg teil. Die Parlamentarier suchten nach einer gemeinsamen Linie, die allzu radikalen Tendenzen von Anfang an einen Riegel vorschieben sollte. Tatsächlich konnten sie sich zusammen mit anderen gemäßigten Kräften in der Paulskirche dann auch durchsetzen. Am 3. April beschloss das Vorparlament Wahlen zur Verfassungsgebenden Nationalversammlung auf Ende April und ging auseinander.

▲ Das Ulmer Münster um 1854, vor Beginn der Bauarbeiten zu seiner Vollendung. ▼ Das ehemalige Barfüßerkloster. Im 19. Jahrhundert war hier das Ulmer Gymnasium untergebracht.

Als Haßler nach Ulm zurückkehrte, herrschte in der Stadt eine aggressive Stimmung, die ihre Ursache in den Folgen der Hungersnot von 1847 und den durch die Revolution verursachten Problemen beim Festungsbau hatte. Der Intellektuelle Haßler war da mit seiner konservativen Überzeugung der ideale Sündenbock. Seine Kandidatur für die Nationalversammlung brachte ihm offene Anfeindungen ein. Auf dem Höhepunkt der politischen Auseinandersetzung hielten sich Mitglieder des Turnvereins zu seinem Schutz in seiner Wohnung auf, während ihm seine republikanischen Gegner die Scheiben einwarfen und eine Katzenmusik spielten. Dass er am Schluss doch noch die Wahlen gewann, hatte er vor allem den Wahlberechtigten außerhalb Ulms zu verdanken.

Die Ereignisse in Ulm bestärkten ihn in seiner Ansicht, dass die Errichtung einer Republik unweigerlich zu Blutvergießen führen musste. Die einzige Lösung in seinen Augen war eine konstitutionelle Monarchie. Wie viele andere Frankfurter Abgeordnete stimmte er für die Wahl des preußischen Königs Friedrich Wilhelm IV. zum deutschen Kaiser. Doch der lehnte die Krone ab. Damit war für Haßler die Revolution zu Ende. Am 11. April 1849 legte er sein Mandat nieder. Von seinem Wirken in Frankfurt blieben die von ihm herausgegebenen Sitzungsprotokolle der Nationalversammlung, eine einzigartige Quelle über die Vorgänge in der Paulskirche. Seinen Rücktritt nahmen ihm in Ulm viele übel. Eine Rückkehr in die Politik sollte es für ihn nicht mehr geben.

Nachdem sich nach der Revolution auch noch seine Hoffnungen auf die Rektorstelle am Gymnasium zerschlagen hatten, stürzte er sich mit Feuereifer in seine wissenschaftliche Arbeit. Sie war das Einzige, was ihm noch blieb. Seit 1841 gehörte er dem »Verein für Kunst und Alterthum in Ulm und Oberschwaben« an. Seine Aufsätze in den »Verhandlungen« des Vereins und seine zahlreichen historischen Publikationen zeigen sein großes Wissen. Sein Verdienst um die reichen Kunst- und Archivschätze in Ulm lässt sich gar nicht abschätzen.

Seine Lebensaufgabe wurde jedoch die Erhaltung und Restaurierung des Ulmer Münsters. Bereits 1840 hatte er eine Zeichnung des Münsterturms entdeckt, die noch von dem spätmittelalterlichen Baumeister Böblinger stammte und die Jahrzehnte später die Blaupause für die Turmfertigstellung wurde. Doch bis es so weit war, brauchte man viel Geld. Seit 1850 Vorsitzender des Kunst- und Altertumsvereins, seit 1856 vom Schuldienst beurlaubt, nutzte Haßler seine guten Kontakte, um überall und auf jede erdenkliche Weise für die Münsterbauhütte zu sammeln. Kaiser Franz Joseph I. von Österreich und den preußischen Kronprinzen Friedrich Wilhelm führte er bei ihren Besuchen in Ulm persönlich durch das Münster. Er selbst bezeichnete sich als »Reisender für das größte Haus Deutschlands«.

1858 ernannte der württembergische König Haßler zum ersten Landeskonservator und obersten Denkmalschützer im Königreich. 1867 übernahm er die Leitung der Staatssammlung in Stuttgart, der er auch einige seiner Funde aus dem Gräberfeld vom Kienlesberg schenkte.

Die Fertigstellung des Münsters erlebte Haßler nicht mehr. Er starb am 15. April 1873 und ist auf dem Alten Friedhof begraben.

Porträt von Conrad Dietrich Haßler, nach seiner Emeritierung am Gymnasium.

1871

Die Schwäbische Industrie-Ausstellung

Ulm blieben von seiner glorreichen Vergangenheit als Reichsstadt und den Napoleonischen Kriegen nur Schulden. Die wirtschaftliche Entwicklung lag in den Händen von Privatpersonen. Vor diesem Hintergrund markiert die Schwäbische Industrie-Ausstellung einen Wendepunkt in Ulm.

Die industrielle Entwicklung Ulms hinkte lange der in anderen Teilen des Königreiches Württemberg hinterher. Die Ursachen dafür waren vielfältig. Die enorme Schuldenlast am Anfang des 19. Jahrhunderts würgte jede Form von Aufschwung durch den permanenten Sparzwang der Stadt ab. Hinzu kam eine sehr einseitige Ausrichtung der Handwerksbetriebe als Erbe der reichsstädtischen Vergangenheit. Noch 1836 war die Mehrzahl unter ihnen entweder im Textilsektor oder in der Nahrungsmittelproduktion tätig. Geringe Einkommensschwankungen konnten zum Bankrott führen. Echte Industriebetriebe gab es nur zehn, von denen sechs Tabak oder Pfeifen produzierten. Der einzige Metall verarbeitende Betrieb von Rang war die Gießerei und Messingfabrik Wieland.

Einen Umbruch und ersten Aufschwung brachte der Bau der Bundesfestung. So gründete Eduard Schwenk, dessen Vater einen Kupferhammer am Blaubeurer Tor betrieb, nach dem Vorbild Gustav Leubes 1847 ein Zementwerk, weil die Belieferung der Festungsbaustelle bessere Verdienstmöglichkeiten bot. Die Brüder Albert und Wilhelm Eberhardt verdienten das Startkapital für ihre Pflugfabrik als Fuhrunternehmer und Wagenbauer.

Als im Sommer 1871 endlich, nachdem sie durch den Krieg mit Frankreich um ein Jahr verschoben werden musste, die Schwäbische Industrie-Ausstellung in Ulm stattfand, hatte sich zwar schon einiges getan. Aber viele Unternehmen befanden sich noch in der Gründungs- oder Orientierungsphase, und manche fertigten Produkte, die mit ihrem späteren wirtschaftlichen Erfolg wenig oder gar nichts zu tun hatten. Im Ausstellungskatalog führten die Gebr. Eberhardt 17 Arten landwirtschaftlicher Maschinen auf. Ihre berühmten Pflüge waren also nur ein Produkt unter vielen. Ein paar Jahre zuvor hatten sie noch mit einem Patent für ein Maschinengewehr Werbung gemacht oder mit C. D. Magirus als Teilhaber dessen Feuerwehr-Requisiten und Feuerwehrspritzen gefertigt. Feuerwehrspritzen stellte 1871 auch die Fa. Wieland aus, außerdem warb sie für ihre Messingbleche, Glocken, Pfannen und Löffel. Sie hatte ihren Stand übrigens neben der Feuerwehr-Requisiten Fabrik C. D. Magirus, die nach der Trennung von Gebr. Eberhardt nun hauptsächlich auf Leitern sowie Rettungs- und Brandschutzgerät setzte.

Einige Jahre später wird Magirus seine Produkte in die ganze Welt exportieren und sich auf den Weltausstellungen mit der internationalen Konkurrenz erfolgreich messen. Der wirtschaftliche Aufschwung wurde durch die französischen Kriegsreparationen und die Gründung des Kaiserreiches befeuert. Ulm war jetzt aus seiner politischen Randlage heraus zu einem wichtigen Verkehrsknotenpunkt in Deutschland aufgestiegen. Die Einführung der Reichsmark als einheitliche Währung erleichterte den nationalen und internationalen Handel.

▲ Die Pflugfabrik der Gebr. Eberhardt an der heutigen Olgastraße, nach 1863.
▼ Der Fabrikant Ph. J. Wieland in seiner Glockengießerei in der Rosengasse.

ULM
Weinhof.
9553

1873

Neuanfang

Im Mittelalter hatte der Rat die Juden mit Hilfe des Kaisers aus der Stadt vertrieben. Ihre Rückkehr war auch Jahrhunderte später nicht erwünscht. Gegen Vorurteile halfen selbst Gesetze nicht immer. Am Ende eines Weges voller Hindernisse stand der Bau einer neuen Synagoge auf dem Weinhof.

Mit dem Emanzipationsgesetz von 1828 wollte man in Württemberg endlich einheitliche rechtliche Bestimmungen für die jüdischen Untertanen festlegen. Um als Staatsuntertanen gelten zu können, mussten sie Bürger oder Beisitzer einer Stadt sein, hatten bestimmte Familiennamen zu verwenden und mussten in Verträgen die deutsche Sprache benutzen. Auch bestimmte Studiengänge standen ihnen offen.

Der Ulmer Kaufmannsstand reagierte auf dieses Gesetz mit einer Eingabe an die Ständeversammlung, in der er sich mit zum Teil heftigen Vorurteilen gegen die Niederlassung von Juden in der Stadt wehrte. Nicht angesprochen wurde in der Eingabe, dass die Ulmer Kaufleute vor allem Angst um ihr Geschäft hatten und sich vor unliebsamer Konkurrenz schützen wollten. Das Gesetz verhindern konnten sie nicht, aber der Stadtrat nutzte jede Gelegenheit, Einwände gegen die Aufnahme in das Bürger- oder Beisitzerrecht vorzubringen. Das führte teilweise zu jahrelangen Prozessen, wie im Fall des Isak Röder, der am 15. September 1835 nach vier Jahren als erster Jude seit dem Mittelalter das Bürgerrecht erhielt. Bis 1848 gelang das dann nur noch fünf Juden.

Durch die Revolution von 1848 setzte ein Wandel ein. Mit der Verkündung der Menschenrechte fielen natürlich auch für die Juden alle Beschränkungen. Selbst nach dem Scheitern der Revolution und der Wiederherstellung der alten Ordnung blieb nach 1849 für sie das Recht auf freie Wahl des Wohnsitzes unangetastet. Und nach 1852 änderte sich auch die Einstellung des Ulmer Stadtrates. Jetzt sah man es durchaus positiv, wenn sich kapitalkräftige jüdische Kaufleute hier niederließen. Man hatte begriffen, dass dadurch auch Arbeitsplätze entstanden. 1853 gab es in Ulm nur zwei Textilfabriken – beide hatten jüdische Besitzer. 1873 gehörten von zehn Baumwollfabriken sieben Juden. Nachdem ihnen seit 1835 das passive und aktive Wahlrecht zustand, hatten diese Fabrikanten auch Zugang zu den politischen Gremien. Zwischen 1861 und 1873 saßen vier von ihnen im Bürgerausschuss.

Diese Akzeptanz und die mit der Reichsgründung erfolgte völlige rechtliche Gleichstellung der Juden führte zu einer stärkeren Zuwanderung. Damals kam auch die Familie Einstein, nach Ulm. Damit wuchs das Bedürfnis nach einer eigenen Synagoge. 1845 unterstand die Ulmer Gemeinde noch dem Rabbinat Laupheim. Doch 1866 war sie auf 74 Familien angewachsen. Die Säle, die man bisher für die Gottesdienste oder für den Unterricht der Kinder in Gasthäusern anmietete, waren mittlerweile zu klein. 1868 kaufte die Gemeinde das Haus von Eberhard Fromm am Weinhof und begann noch im selben Jahr mit dem Bau einer Synagoge. Vier Jahre später stand der Rohbau, im Herbst 1873 konnte das Gotteshaus eingeweiht werden. An der Feier nahmen ganz selbstverständlich Bürgermeister und Stadtrat teil.

▲ Die Ulmer Synagoge am Weinhof nach 1890. Das Gebäude wurde 1938 zerstört.
▼ Der Physiker Albert Einstein ist der berühmteste Sohn der Stadt Ulm.

Endlich fertig

Ganz Ulm feierte das Ereignis. Eingeladen waren nicht nur die Bürger, sondern auch der württembergische König Karl. Zuvor hatten die gefeiert, die es vollbracht hatten, der Münsterbaumeister und seine Leute. Der Turm war endlich fertig, und er war der höchste, nicht nur in Deutschland, sondern in der Welt.

Es war ein langer Weg bis zum Jahr 1890 und seinen Feierlichkeiten. Beschritten hat man ihn mit der Gründung einer Bauhütte in Ulm im Jahr 1844. Der Zustand des Münsters war erbärmlich. Das Gebäude war einsturzgefährdet. Mit ein paar Eimern Farbe wie zum Reformationsjubiläum 1817 kam man nicht mehr weiter. 46 Jahre sollte es dauern, bis die Schäden ausgebessert, die Chortürme errichtet, die Strebebögen mit Filialtürmen angebracht und ein stählerner Dachstuhl gesetzt war. Das letzte große Werk war die Errichtung des Westturmes. Aus historischen Gründen wollte man sich dafür an dem 1840 aufgefundenen, aus dem Jahr 1477 stammenden Bauplan des mittelalterlichen Münsterbaumeisters Böblinger orientieren.

1879 untersuchte der Münsterbaumeister Ludwig Scheu die Fundamente des Westturmes. Was er fand, ließ ihn von einer Vollendung des Turmes vorerst abraten. Das zusätzliche Gewicht würde ohne bauliche Veränderungen unweigerlich zum Einsturz führen. Zwei Jahre später bestätigte Beyer, Scheus Nachfolger, den Befund. Zuerst besserte man das Fundament aus. Im Juni 1883 trafen sich die Honoratioren der Stadt auf der Plattform des Hauptturmes und nahmen feierlich Abschied vom alten Wächterhäuschen. Dann trug man das alte Notdach ab und errichtete an seiner Stelle ein 12 Meter hohes Gerüst mit Motorwinden für den Materialtransport sowie Gas- und Wasserleitungen. Drei Jahre benötigte man, bis der Turm so weit stabilisiert war, dass man an eine Erhöhung denken konnte.

Nach dem Plan Böblingers sollte den viereckigen Turm eine achteckige Konstruktion mit aufgesetztem durchbrochenem Steinhelm abschließen. Den ersten Stein dafür setzte man symbolträchtig am 30. Juni 1885 um 9.00 Uhr, genau 508 Jahre nach der Grundsteinlegung des Münsters. Meter um Meter wuchs unter dem Gerüst auf dem Hauptturm das Achteck nach oben. Nur war die Frage: Wie hoch hinaus soll es nun eigentlich gehen? Zweimal änderte Beyer die im Böblinger Plan vorgegebenen Proportionen von Achteck und Steinhelm. Am Ende stand eine Turmgesamthöhe von 161 Metern. In Köln war man verschnupft. Das Ulmer Münster würde ein paar Meter höher werden als der Kölner Dom. Man unterstellte Absicht. Beyer argumentierte mit optisch-ästhetischen Gründen und blieb bei seinem Plan.

Am 15. Juli 1888 ging der Turmbau mit den Arbeiten am Steinhelm in die letzte Phase. Die Turmspitze war im ersten Quartal 1890 so weit fertig, dass man sie am Boden probeweise zusammensetzen konnte. Bis zum 15. Mai war sie dann an ihrem Platz auf dem Turm. Als Turmabschluss wählte man eine Kreuzblume, da man eine Marienfigur, wie von Böblinger vorgesehen, für eine evangelischen Kirche nicht passend fand. Der Schlussstein fand am 31. Mai 1890 unter feierlichem Läuten der Münsterglocken und dem Segen der Geistlichen seinen Platz. Die Festgäste konnten kommen.

Mit der Fertigstellung des Münsterturms waren 1890 die Bauarbeiten am Münster beendet.

1918

Besonnene Arbeiter, meuternde Soldaten

Vier Jahre Krieg führten zum Ende des Kaiserreiches. Das alte politische System trug die Verantwortung für Millionen Tote. Die Revolution fegte es innerhalb weniger Tage weg. In Ulm verlief sie friedlich, weil Politiker, Industrielle und vor allem das Militär vernünftig handelten.

Seit Anfang 1918 gärte es bereits unter den Soldaten. Die militärischen Niederlagen im Sommer und ein sinnloser Einsatzbefehl trieben dann am 29.Oktober die Matrosen in Kiel in den Aufstand, der sich schnell auf Norddeutschland ausweitete.

In Ulm blieb es zunächst still. Hier hatten die großen Industriebetriebe wie Wieland, Gebr. Eberhardt und Magirus während der letzten vier Jahre mit Lohnerhöhungen und Sozialleistungen wie Suppenküchen dafür gesorgt, dass es zu keinen Unruhen kam. Am 7. November, als die deutsche Kapitulation nur noch eine Frage der Zeit war, verhandelten sie schon mit Gewerkschaften und Arbeitern über die Zukunft. Mit einer Reduzierung der Arbeitszeit und Beschäftigungsgarantien bereiteten sie einen ruhigen Übergang in die Nachkriegszeit vor.

Schwieriger war die Lage in der Garnison. Anfang November erfuhr das Gouvernement vom Aufstand der Matrosen. Am 5. November erhielt es einen anonymen Hinweis, dass für den 9. November in Deutschland ein blutiger Umsturz nach russischem Vorbild geplant wäre. Daraufhin konnte die Ulmer Militärpolizei in der Nacht vom 7. auf den 8. November einige Kommunisten verhaften, die mit dem Zug nach Friedrichshafen unterwegs waren. Ebenfalls am 7. November wurde in München die Räterepublik ausgerufen. Zwei Tage später sicherten bayerische Truppen auf Veranlassung des Neu-Ulmer Arbeiter- und Soldatenrates die Donaubrucken mit Maschinengewehren gegen mögliche Angriffe aus Ulm.

Doch auch dort rumorte es in der Truppe, ohne dass ihre Offiziere etwas ahnten. Mittlerweile war ein Obermatrose namens Hof aus Kiel eingetroffen und hatte über die Ereignisse berichtet. Die Soldaten nahmen darauf am 8. November Kontakt mit Friedrich Göhring, dem Ulmer SPD-Vorsitzenden, auf. Am folgenden Tag überschlugen sich die Ereignisse. Im Gewerkschaftshaus gründeten Vertreter der sozialistischen Parteien und der Soldaten einen Arbeiter- und Soldatenrat. Zu ihrem Vorsitzenden wählten sie Göhring.

Im Festungsgouvernement war unterdessen die Nachricht von der Abdankung Kaiser Wilhelms II. und der Ausrufung der Republik eingetroffen. Der neue Kriegsminister forderte die Ulmer Garnison auf, sich loyal zur neuen Regierung zu verhalten. Obwohl Teile des Offizierskorps zum Widerstand entschlossen waren, erließ Generalmajor von Schempp, der inzwischen als Kontingentsältester das Kommando übernommen hatte, einen entsprechenden Tagesbefehl und verhinderte so unnötiges Blutvergießen. Am 10. November unterstellte er seine Truppen der Kontrolle des Arbeiter- und Soldatenrates, behielt dafür aber die administrative Leitung. Der Ulmer Stadtrat folgte seinem Beispiel. Am 12. November brachte Schempp seine Offiziere dazu, die neuen Verhältnisse anzuerkennen. In der Stadt blieb alles friedlich. Der Soldatenrat löste sich Mitte 1919 auf.

▲ Adolf von Schempp verhinderte mit seinem besonnenen Verhalten 1918 das Schlimmste.

▼ Die Offiziere der Garnison wollten sich den Revolutionären nicht beugen.

1929

Kapellmeister von Karajan

Stardirigent, musikalisches Genie am Taktstock, der Mann mit dem absoluten musikalischen Gehör. Herbert von Karajan war vieles. Auch eine Ikone des Jetset. Und am Anfang seiner Karriere der zweite Kapellmeister in Ulm. Ein Gewinn für alle, für Karajan wie für das Stadttheater und sein Publikum.

In Ulm dirigierte Karajan seine erste Oper. Es war die »Hochzeit des Figaro«. Mit Mozart kannte er sich aus. Schließlich war er in Salzburg geboren. Am Mozarteum lagen seine musikalischen Wurzeln, an der Akademie in Wien hatte er »nur« studiert. Sein erster öffentlicher Auftritt als Dirigent fand daher auch in Salzburg statt. Und während ihn die Presse nach der Vorstellung am 22. Januar 1929 noch als Wunderkind feierte, hatte ihn Erwin Dieterich bereits nach Ulm engagiert.

Der Ulmer Intendant war gerade auf der Suche nach einem zweiten Kapellmeister und hatte Karajans Debüt im Publikum mit großem Interesse verfolgt. Nach dem Konzert sprach er ihn an. Beide wurden sich schnell einig. Dieterich willigte ein, dass er den »Figaro« komplett mit dem Orchester selbst einstudieren könne. Sollte die Oper ein Erfolg werden, könne er die Stelle haben. Am 2. März, nicht einmal sechs Wochen später, begann Karajans Karriere am Ulmer Theater. Er bekam gerade einmal 80 Reichsmark Gehalt. Das war mehr als dürftig. Manches Mitglied seines Orchesters bekam dreimal so viel.

Der Perfektionist Karajan merkte auch bald, dass Ulm seinen Ansprüchen nicht genügte. Es war ein kleines Theater mit etwa 500 Sitzplätzen. Das Orchester füllte man bei Bedarf durch auswärtige Musiker auf. Jeder musste alles können. Von Karajan erwartete man, dass er sich um das Bühnenbild und die Beleuchtung kümmerte und bei Bedarf auch im Schauspiel aushalf, von den üblichen Verwaltungsaufgaben ganz zu schweigen. Der Intendant Dieterich sah in dem »Wunderkind« vor allem einen Lehrling.

Karajan wiederum überforderte regelmäßig sein Orchester. Seinem musikalischen Genie konnte der eine oder andere nicht folgen. Das führte immer wieder zu Spannungen, bis hin zu Morddrohungen. Karajan gelang es trotzdem, im Laufe der Jahre die musikalische Qualität des Orchesters und der Sänger auf ein beachtliches Niveau zu heben. 1934 konnte er es sogar wagen, mit »Arabella« das neueste Werk von Richard Strauss aufzuführen. Dem Publikum verschlug es den Atem, die Lobeshymnen der Presse verglichen das Ulmer Orchester mit denjenigen in Stuttgart und München.

Trotz dieses beachtlichen Erfolges endete 1934 Karajans Vertrag in Ulm. Die Machtergreifung der Nationalsozialisten wirkte sich auch auf das Theater aus. Sein Kollege Otto Schulmann hatte als Jude schon 1933 das Ensemble verlassen. Sollte Karajan auf die Stelle gehofft haben, so enttäuschte ihn Dieterich; ob aus politischen Gründen oder weil sich das Orchester weigerte, ist unklar. Seine dubiose Mitgliedschaft in der NSDAP half ihm jedenfalls nicht weiter. Aus Ulm verabschiedete er sich so, wie er gekommen war, mit einer Aufführung von Mozarts »Hochzeit des Figaro«.

▲ Herbert von Karajan (Mitte) 1929 in Ulm, mit Mitgliedern des Theater-Ensembles.
▼ Herbert von Karajan wurde nach dem Zweiten Weltkrieg zum Stardirigenten.

EIN DEUTSCHES
FLUGBLATT
Manifest der
Sophie Scholl

1943

Die Weiße Rose

Die Weiße Rose ist eine der bekanntesten Widerstandsgruppen in der Zeit des Nationalsozialismus. Geprägt und motiviert durch ihre christlich-humanistische Erziehung brachte sie den Mut auf, das Unmenschliche des Hitler-Regimes mit Flugblättern öffentlich an den Pranger zu stellen.

Die Geschichte der Weißen Rose ist untrennbar mit den Namen Hans und Sophie Scholl verbunden. Die beiden Studenten aus Ulm gehörten an der Universität München zusammen mit Alexander Schmorell, Christoph Probst, Willi Graf und Professor Kurt Huber zum Kern einer Widerstandsgruppe, die zwischen Juni 1942 und 18. Februar 1943 in insgesamt sechs Flugblättern die Verbrechen der NS-Diktatur und die Sinnlosigkeit des Krieges im Osten verurteilten.

Die christliche Lebenseinstellung ihrer Mutter Magdalene und die ablehnende Haltung ihres Vaters Robert zum Krieg generell und zum Nationalsozialismus im Besonderen zusammen mit seiner charakterlichen Geradlinigkeit legten in ihnen das moralische Fundament für ihren Widerstand. Die anfängliche Begeisterung der Geschwister Scholl für die NS-Jugendorganisationen ließ angesichts der Unterdrückung Andersdenkender und der Diskriminierung von Juden schnell nach. Hans war der Erste, der sich der bündischen Jugendbewegung zuwandte und dafür zusammen mit seinen Geschwistern im Dezember 1937 von der Gestapo verhaftet wurde. Dieses Ereignis bedeutete den endgültigen Bruch mit dem NS-Regime. In ihrer Haltung bestärkt wurden sie durch die Freundschaft mit Otl Aicher, der sie mit Philosophie, Literatur und Theologie bekannt machte. Die Gespräche mit ihm motivierten Sophie Scholl zum Philosophiestudium, das sie 1942 nach München führte, wo mittlerweile auch ihr Bruder Hans lebte. Durch ihn wurde sie Mitglied der Weißen Rose.

Hans hatte als Medizinstudent bereits im Westfeldzug 1940 die Schrecken des Krieges gesehen. Von Juni bis November 1942 diente er zusammen mit Graf und Schmorell als Feldfamulus an der Ostfront. Die ersten vier Flugblätter der Weißen Rose, die sie per Post verschickten, stammen noch aus der Zeit vor der Abkommandierung nach Russland. Die Katastrophe der Schlacht um Stalingrad mit dem sinnlosen Tod hunderttausender Menschen schockierte sie zutiefst. In nächtlichen Aktionen malten sie in München Antikriegs-Parolen an die Häuserwände.

Ihr sechstes Flugblatt, geschrieben von Kurt Huber, überarbeitet von Hans Scholl und Alexander Schmorell, ging schonungslos mit Führer und Partei ins Gericht. Als Hans und Sophie Scholl es am 18. Februar 1943 in der Universität München verteilten, wurden sie vom Hausmeister entdeckt und festgehalten. Die Gestapo, die schon längst auf ihrer Spur war, brachte sie ins Wittelsbacher Palais und verhörte sie dort bis zum 21. Februar. Auch Christoph Probst kam in Gestapo-Haft. Von dem berüchtigten Richter Roland Freisler wegen Wehrkraftzersetzung, Feindbegünstigung und Hochverrats zum Tode verurteilt, wurden sie am 22. Februar hingerichtet. Das Todesurteil gegen Kurt Huber, Willi Graf und Alexander Schmorell wurde am 19. April vollstreckt.

Mahnmal für die Weiße Rose vor der Ludwig-Maximilians-Universität in München.

1944

17. Dezember

Je länger der Zweite Weltkrieg dauerte, umso drückender wurde die Lufthoheit der alliierten Bomberverbände. Am Anfang hatten sie vor allem die großen Ballungsräume mit den Industrieanlagen im Visier. Doch am Schluss richteten sich ihre Angriffe immer öfter gegen die Zivilbevölkerung. Selbst kleinere Städte wie Ulm blieben nicht verschont.

Bis ins Jahr 1944 blieb es ruhig in Ulm. Da hatten Augsburg und Stuttgart schon schwere Bombardements hinter sich. Den ersten Tagesangriff erlebte die Stadt am 16. März. Eine nennenswerte Reaktion der Luftabwehr gab es nicht. Offensichtlich hatte man mit einer Bombardierung nicht gerechnet. Ein Teil der Zivilschutzkräfte war sogar nach Stuttgart abkommandiert. Die Zahl der Opfer und die angerichteten Schäden waren gering. Doch dieser Angriff war nur der Anfang.

Ab Juli steigerten sich die alliierten Angriffe, auch auf Ulm. Ende November setzten die Engländer Ulm unter dem Codenamen Garfish, zu Deutsch Hornhecht, auf die Liste ihrer Ziele. Anders als die Amerikaner setzten sie auf Flächenbombardements. Opfer unter der Zivilbevölkerung waren gewollt. Trafen sie dabei auch noch militärische Objekte, umso besser.

Der Angriff war für den 5. Dezember geplant, wurde dann aber wegen schlechten Wetters auf den 16. Dezember verschoben und wiederum wegen schlechten Wetters schließlich auf den 17. Dezember festgesetzt. Zwischen 15.00 Uhr und 15.30 Uhr starteten 330 Bomber von den englischen Flugplätzen. Es gelang ihnen, die deutsche Luftabwehr zu täuschen. Die deutschen Abfangjäger sammelten sich über dem Ruhrgebiet, während der Bomberverband über Straßburg Ulm anflog. Um 19.30 Uhr fielen die ersten Leuchtbomben zur Zielmarkierung. Zehn Minuten später war die Stadt durch die Bombentreffer und Brandbomben schon so hell erleuchtet, dass sie für die folgenden Flugzeuge nicht mehr zu verfehlen war. Nach 27 Minuten war alles vorbei, und die Briten waren auf dem Rückweg. Das brennende Ulm sahen sie noch in einer Entfernung von 160 Kilometern.

Am Boden spielten sich grauenhafte Szenen ab. Vielen Menschen gelang es noch rechtzeitig, sich aus der brennenden Stadt zu retten, bevor der von den Engländern entfachte Feuersturm seinen Höhepunkt erreichte. Für die in den Luftschutzkellern Eingeschlossenen gab es dagegen keine Hilfe. Sie erstickten oder verbrannten. Einige wenige konnten sich retten, indem sie sich durch Mauerdurchbrüche im Keller über das Nachbarhaus in Sicherheit brachten. Die Feuerwehren, die bis aus Augsburg, Kirchheim/Teck und Rain am Lech zu Hilfe kamen, konnten gegen das Inferno wenig ausrichten. Noch Tage später bargen die Rettungskräfte die Leichen unter den Trümmern. 707 Tote, 613 Verwundete zählte man am 30. Dezember, als sich die Ulmer auf dem Friedhof zur Trauerfeier versammelten.

Zwischen dem 22. Februar und 4. März 1945 griffen die Alliierten noch vier Mal an. Wieder starben hunderte Menschen. Danach lohnte es sich für sie nicht mehr, die Stadt zu bombardieren. Es gab nichts mehr zu zerstören. Am 24. April 1945 marschierten amerikanische Truppen ein. Der Krieg war zu Ende.

▲ Es waren britische Bomber, die am 17. Dezember 1944 Ulm in Schutt und Asche legten.
▼ Der britische Luftmarschall Harris bei einer Einsatzbesprechung.

»Beim
Musiziere
sind uns
die Tränen
herunter-
gelaufen.«
»Deutschland
ist ein Land,
in das ich nie
wieder zurück
komme.«
Walter Weglein

1946

Bildung für alle

Den Neubau der Ulmer Volkshochschule auf den Namen des berühmtesten Sohnes der Stadt zu taufen liegt nahe. Das Kuratorium wollte damit vor allem die von Einstein vertretenen moralisch-ethischen Grundsätze ehren. Denn ihnen fühlte man sich als Erbe der »Weißen Rose« in besonderer Weise verpflichtet.

Tatsächlich liegen die Anfänge der Ulmer Volkshochschule in der menschlichen Tragödie um die Ermordung der Geschwister Scholl und ihrer Freunde und der Erkenntnis der Überlebenden, dass so etwas wie die NS-Diktatur nie wieder möglich sein sollte. Doch Menschen, die über zwölf Jahre hinweg systematisch entmündigt, belogen und korrumpiert worden waren, konnten vielleicht die Stadt wieder aufbauen. Für eine starke Demokratie jedoch brauche man mehr, darüber waren sich Inge Scholl, Otl Aicher und ihre Mitstreiter im Klaren. Nur wirkliche Bildung, die alle Lebensbereiche erfasse, gebe die nötige Kraft und moralische und ethische Resilienz für die Bewältigung der Vergangenheit und den Aufbau einer demokratischen Zukunft. Sie sei für den Wiederaufbau genauso wichtig wie Ziegelsteine. Bereits im Sommer 1945 starteten sie die Vortragsreihe »Religiöse Ansprachen über christliche Weltanschauungen«. Als ersten Redner hatte Otl Aicher Romano Guardini eingeladen. Am 16. August sprach der katholische Theologe über »Wahrheit und Lüge« vor 600 Besuchern in der Martin-Luther-Kirche. Die folgenden Veranstaltungen waren ähnlich gut besucht.

Dieser große Zuspruch bestärkte Otl Aicher, Inge Scholl, Kurt Fried, Elisabeth Walser und Helga und Herbert Wiegandt in ihrem Vorhaben, in Ulm eine Volkshochschule zu gründen. Erste Vorbesprechungen fanden im Winter statt, die Eröffnung erfolgte dann am 24. April 1946, dem Jahrestag des amerikanischen Einmarsches. Die Leitung übernahm Inge Scholl. Die von Otl Aicher entworfenen Plakate hingen überall in der Stadt, zuerst noch an den Mauerwänden, dann ab 1951 an den bis heute verwendeten Plakattafeln, im Volksmund »Totempfähle« genannt. Als Logo hatte er eine Eule mit einem Buch gewählt. Im ersten Jahr schrieben sich bereits 2600 Hörer ein. Neben den üblichen Kursen waren vor allem Vorträge und Arbeitsgemeinschaften die tragenden Säulen des Angebotes. Große Berühmtheit erlangten schnell die sogenannten »Donnerstagsvorträge«, in denen bekannte Personen über ein Semester hinweg zu einem festen Thema sprachen. Inge Scholls Kontakte zur »Gruppe 47« führten regelmäßig die bedeutendsten Schriftsteller der Nachkriegsgeneration, wie z. B. Ilse Aichinger, Max Frisch, Ingeborg Bachmann oder Heinrich Böll, zu Lesungen nach Ulm. Die Arbeitsgemeinschaften beschäftigten sich intensiv mit aktuellen künstlerischen und politischen Themen.

In den Anfangsjahren verteilten sich die Veranstaltungen noch über die ganze Stadt. 1954, mit fortschreitendem Wiederaufbau, war auch das Kuratorium der Improvisationen leid und entschloss sich zu einem Neubau. Als 1955 mit Albert Einstein das »Gewissen der Menschheit« starb, war es selbstverständlich, dass die neue VH nach ihm benannt werden sollte. 1968 nahm man im Einstein-Haus den Lehrbetrieb auf.

Mit einer Dauerausstellung erinnert die VH Ulm an die Weiße Rose und an ihre eigenen Wurzeln.

1948

Der Irrtum

Nach dem Zweiten Weltkrieg stand man auch in Ulm vor der Frage, wie die Stadt in Zukunft aussehen sollte. Heftig stritt die Bürgerschaft über Neubauten und Bewahrung der alten Bausubstanz. Nur in einem Punkt waren sich alle einig: Ulm musste autofreundlicher werden. Mit einer neuen Straße.

Die enge und verwinkelte Altstadt war schon vor dem Zweiten Weltkrieg der steigenden Zahl an Autos nicht mehr gewachsen. Vorschläge, über eine Verbreiterung der Straßen Abhilfe zu schaffen, scheiterten damals am Widerstand der Hausbesitzer. Doch nach den Zerstörungen durch die alliierten Bombardierungen hatte sich die Situation geändert. Nur noch 19 Prozent der Wohnungen in der Altstadt waren bewohnbar. Der Bau einer neuen Ost-West-Verbindung war ohne größere Probleme möglich.

Drei ernst zu nehmende Vorschläge standen zwischen 1946 und 1948 im Raum. Zwei von ihnen sahen eine Straßenführung direkt an der Münstersüdseite vor. Max Guther, seit 1947 Stadtbaurat, plante dagegen mit einer Verbreiterung von Glöcklerstraße und Lange Straße. Die Kreuzung Lange Straße/Frauenstraße/Donaustraße wollte er durch den Abriss des Cafés Gindele, der Nikolauskapelle und des Steinhauses verbreitern. In seinem ersten Entwurf sah er noch eine nördliche Umfahrung des Neuen Baues vor. Im Herbst 1948 änderte er dann seine Meinung und plante die Straße südlich davon. In dieser Fassung wurde er dann am 1. Oktober 1948 dem Gemeinderat vorgelegt und angenommen. Guther hatte zwei Vorteile auf seiner Seite. Die Verkehrsführung betraf ein Stadtquartier, das von der Bombardierung vollständig zerstört war. Ein Abbruch noch erhaltener Gebäude war also in einer Zeit, in der es sowieso schon an Wohnraum mangelte, nicht notwendig. Mit nennenswertem Widerstand der Besitzer war nicht zu rechnen. Mit der Planung eines großen Platzes nördlich des Rathauses zwischen Sattlergasse und Frauenstraße schuf er Parkmöglichkeiten. Die Menschen sollten nicht durch die Stadt fahren, sondern über die Neue Straße in sie hinein zu den Geschäften gelangen. 1953 begann man mit den Bauarbeiten und hatte bis 1957 die Strecke bis zur Frauenstraße fertiggestellt.

Doch dann begannen die Schwierigkeiten. Der Verein »Alt-Ulm« verhinderte den Abbruch von Gindele, Steinhaus und Nikolauskapelle. Viel schlimmer war jedoch, dass das Verkehrsaufkommen immer mehr zunahm. Die große Zahl an Autos vor allem auf der Neuen Straße, die nun vor allem vom Durchgangsverkehr genutzt wurde, zerschnitt die Stadt in zwei Teile. Ulm hatte ein Problem.

Die Suche nach einer Lösung begann bereits 1975, rund zwanzig Jahre nach dem als architektonischen Befreiungsschlag gefeierten Baubeginn. 25 Jahre, viele Diskussionen, Architekturwettbewerbe, eine Niederlage in einem Volksbegehren und jahrelange archäologische Ausgrabungen später begann Ulm mit der Neugestaltung. Dort, wo früher Asphaltwüste war, stehen nun in der Neuen Mitte seit 2007 drei Gebäude. Das markanteste, von den anderen durch den Hans-und-Sophie-Scholl-Platz getrennt, ist als kultureller Mittelpunkt des neuen Straßenzuges das Museum Weishaupt.

▲ Die Neue Mitte beendet ein Kapitel Ulmer Baugeschichte und gibt der Stadt Lebensraum zurück.
▼ Die Neue Straße teilte noch 1994 als »Stadtautobahn« die Stadt in zwei Hälften.

1953

Design für die Welt

Der Beitrag, den die Volkshochschule für den kulturellen und politischen Aufbruch in Ulm leistete, war immens. Sie war das Zentrum, von dem die wesentlichen Impulse der Nachkriegsjahre ausgingen. Ihre führenden Köpfe gründeten eine der bedeutendsten internationalen Hochschulen.

Im Juni 1948 entwickelten Otl Aicher und Inge Scholl zusammen mit anderen Personen aus dem Umkreis der VH in einem Gesprächskreis, den sie »studio null« tauften, erstmals Gedanken für einen »neue Schule«. Sie war als feste pädagogische Institution als eine Weiterentwicklung der VH gedacht und sollte über einen besonderen Lehrplan, der alle Ebenen des Lebens vom Beruf bis hin zur Kultur vereinte, die politische und gesellschaftliche Entwicklung auf kommunaler Ebene demokratisch beeinflussen.

Erste Konturen gewann das Projekt in Gesprächen mit dem Schriftsteller Hans Werner Richter, dem Gründer der »Gruppe 47«, im Oktober 1949. Die politische Ausrichtung der nun als »Geschwister Scholl Hochschule« titulierten Einrichtung stand nach wie vor im Vordergrund, hatte sich aber in ihrer Zielsetzung von der lokalen Bindung an Ulm hin zu dem allgemeineren Ziel der Erschaffung eines mündigen Bürgers entwickelt. Dass Richter bei den amerikanischen Behörden mehrmals unangenehm aufgefallen war, war zwar bekannt, spielte damals jedoch bei den Überlegungen, ihn als Rektor anzustellen, keine Rolle.

Ebenfalls um diese Zeit intensivierten sich die Kontakte mit dem Architekten und Künstler Max Bill. Otl Aicher hatte ihn 1948 in der Schweiz besucht. Im Oktober 1949 präsentierte Bill gerade seine Wanderausstellung »Die gute Form« im Ulmer Museum. Er war vom Bauhaus geprägt. Das Hochschulprojekt interessierte ihn, weil es in seinem künstlerisch-kulturellen Teil Punkte enthielt, die man bereits in den 1920er Jahren in Weimar und Dessau verfolgt hatte. Bald gehörte er zum engeren Kreis der Planer.

1950 sondierte Inge Scholl bei den amerikanischen Behörden die Realisierbarkeit und eine finanzielle Unterstützung des Projektes. Dort signalisierte man ihr unmissverständlich, dass Richter als Rektor nicht gewünscht war, Bill dagegen schon. Mit dessen Ernennung verschob sich noch einmal die konzeptionelle Ausrichtung der neuen Hochschule weg vom Politischen hin zum Gestalterischen.

1953 hatten Aicher und seine Frau die nötigen Geldmittel zusammen und konnten mit dem Lehrbetrieb beginnen. Die ersten Veranstaltungen fanden noch in den Räumlichkeiten der VH statt, dann ab 1955 in dem von Max Bill entworfenen und realisierten Neubau auf dem Oberen Kuhberg. Die »Hochschule für Gestaltung« erfreute sich schnell großer Beliebtheit, auch bei ausländischen Studenten. Deren Interessen hatten aber nichts mehr mit dem ursprünglichen Konzept zu tun. Ihnen ging es um die Entwicklung von Design, nicht um die Erziehung zu politisch mündigen Bürgern. Ihre Entwürfe industrieller Alltagsprodukte prägten die Nachkriegsgesellschaft weltweit. Wie das Lufthansa-Logo oder die Piktogramme der Olympischen Spiele 1972 sind sie noch heute überall präsent, doch die wenigsten erinnern sich an ihren Ursprung in Ulm.

Otl Aicher war als Designer weltweit gefragt. Hier bei einem Vortrag in Brasilien.

1959

studio f

Kurt Fried gehörte zu den bedeutendsten Publizisten der Nachkriegszeit. Sein Interesse an Kunst und Kultur war grenzenlos. Das Ulmer Theater und die Hochschule für Gestaltung haben ihm viel zu verdanken. Dem Ulmer Museum schenkte er eine der wichtigsten Kunstsammlungen Deutschlands.

Die Sammlung Fried umfasst annähernd 440 Werke der modernen Kunst. Kurt Fried übergab sie 1978 dem Ulmer Museum. Dass es sie überhaupt gibt, ist einem Streit im Ulmer Kunstverein zu verdanken. Es ging um ein Relief für den Neubau der Sparkasse. Kurt Fried hatte sich als Vorsitzender des Vereins für einen Entwurf von Hans Arp eingesetzt. Dagegen gab es aber Widerstände, die schließlich in persönliche Anfeindungen gegen den Künstler ausarteten. Verbittert über die Art und Weise, wie diese Diskussion geführt wurde, legte Fried 1958 den Vorsitz im Kunstverein nieder.

Seit 1945 gab er zusammen mit Johannes Weißer und Paul Thielemann die »Schwäbische Donauzeitung« heraus. Fried war für den Kulturteil zuständig. Seine Kritiken waren kurz und bissig. Sein Urteil über den Film »Der große Bluff« bestand in einem Wort: »Stimmt«. Alles Provinzielle konnte zuverlässig auf seinen Spott rechnen. Er hatte ein feines Gespür für Talente. Einer, der ihm am Anfang seines Werdeganges begegnete, war der spätere Verleger Siegfried Unseld. Ihn beauftragte Fried regelmäßig mit Rezensionen für seine Zeitung. Das Ulmer Theater mit dem Intendanten Kurt Hübner und dem Regisseur Peter Zadek hatte seine volle Unterstützung. Dasselbe galt erst recht für die Hochschule für Gestaltung und die Ulmer Volkshochschule.

Die Gründung des »studio f« 1959 war Frieds Antwort auf das Zerwürfnis mit dem Kunstverein. Jetzt engagierte er sich selbst als Galerist für die moderne Kunst. Die Ausstellungen fanden die ersten zehn Jahre in seiner Villa statt, dann zog er um ins Wielandhaus in der Frauenstraße. Max Bill, Mitgründer der Hochschule für Gestaltung, eröffnete die neue Galerie. Viele heute berühmte Künstler folgten, und viele von ihnen stellten bei Fried zum ersten Mal in Deutschland aus, wie z. B. François Morellet, dessen »Ulm Ultimate Cathedrale« heute die Stirnseite des Museums Weishaupt schmückt. In seiner Galerie, und das war eines seiner wichtigsten Anliegen, wollte Fried Kunst und Besucher zusammenbringen. Es ging nicht nur um das Betrachten der Bilder. Die Leute sollten mit Kunst in Kontakt kommen. Dazu dienten Inszenierungen wie die Umgestaltung seines Gartens durch den Bühnenbildner Wilfried Minks oder Mitmachaktionen wie »Das schönste Bild bei mir zuhaus«.

Das »studio f« machte Fried schließlich selbst zum Sammler. Anfangs kaufte er nur die Bilder aus den Ausstellungen. Doch bald erweiterte sich sein Interessenkreis, und so fanden auch Werke von Paul Klee oder Egon Schiele Aufnahme in seine Sammlung. Die stetig wachsende Zahl an Kunstwerken veranlasste Kurt Fried, sie, um sie auch in Zukunft der Öffentlichkeit präsentieren zu können, dem Ulmer Museum zu stiften. Die Sammlung Fried gehört heute zu den bedeutendsten Kunstsammlungen Deutschlands.

Mit Max Bill eröffnete Kurt Fried sein studio f. Ulm war innerhalb weniger Jahre weltweit bekannt.

1961

»Ulm, was ist denn das?«

Hübner, Minks und Zadek haben in Ulm bewiesen, dass großes Theater und Kleinstadt kein Widerspruch ist. Zusammen dachten und machten sie vieles anders. Das stieß bei Kritikern und Zuschauern oft auf Unverständnis, gab aber dem deutschen Nachkriegstheater die notwendigen neuen Impulse.

Den Anfang machte Kurt Hübner, der nach dem Tod von Peter Wackernagel die Leitung des Ulmer Theaters übernahm. Gespielt wurde in der Turnhalle des Mädchengymnasiums, ohne Bühnentechnik, mit 255 Sitzplätzen im Zuschauerraum. Für Hübner war es die erste Intendanz. Er war noch von dem alten dirigistischen Theaterstil geprägt. Nach dem Krieg war er zwischen Kulturjournalismus und Bühne hin- und hergerissen, bis er in Stuttgart als Chefdramaturg landete. In Ulm interpretierte er dann Theater neu. Die passenden Leute dazu hatte er sich ganz bewusst ausgesucht.

Unbestritten ist Hübners Riecher für Talente. Hannelore Hoger fing mit 18 in Ulm an. Beate Richard, besser bekannt als Judy Winter, die schon beim Vorsprechen Peter Zadek den Kopf verdrehte, engagierte er im Alter von 16 Jahren. Wilfried Minks brachte Hübner als Bühnenbildner aus Stuttgart mit. Er entwarf ihm die Kulissen für eine Bühne, die nach Zadeks Worten gerade einmal die Größe zweier Wohnzimmer hatte: minimalistische Holz- und Schiebekonstruktionen, die sich ohne viel Aufwand während der Vorstellung verwandeln ließen.

Zadek war Hübners Wunschregisseur. Er hatte von seinen Inszenierungen in Köln gehört. Zadeks erste Reaktion war: »Ulm, was ist denn das?« Eine Zusammenarbeit mit Hübner konnte er sich damals nicht vorstellen. Er verstand Theater völlig anders, freier, psychologischer, als eine Einheit von Rede, Körpersprache und musikalischen Elementen. Daran musste sich Hübner erst gewöhnen. Dass er sich darauf einließ, brachte ihm persönlich immer wieder Ärger, dem Ulmer Theater aber viel Aufmerksamkeit ein.

Die Aufführungen zwischen 1959 und 1962 waren zweifellos provokativ. Peter Palitzsch inszenierte hier Brecht, den man sonst in Westdeutschland absichtlich boykottierte. Ein handfester Skandal war 1961 Brendan Behans »Die Geisel« in der Übersetzung von Zadek. Das Stück handelt von einem englischen Soldaten, den die IRA in einem Stundenhotel als Geisel festhält und der bei einem Befreiungsversuch erschossen wird. Was das Ulmer Publikum schockierte, war weniger die Thematik als die rüde, obszöne Sprache. Als dann noch durch einen Fehler der Bühnentechnik der Zuschauerraum zu viel Rauch abbekam, stürmten die Leute schimpfend nach draußen. Das Ensemble musste sich einiges anhören, direkt nach der Vorstellung und auch in den Zeitungen. Nur Kurt Fried freute sich, »daß wir endlich (...) den lang ersehnten Theaterwirbel in Ulm hatten«.

Als Hübner 1962 ein Angebot aus Bremen erhielt, standen alle drei vor einer schweren Entscheidung. Schließlich verließen Hübner, Minks und Zadek gemeinsam Ulm. In seiner Autobiografie schrieb Peter Zadek: »Die drei Jahre Ulm, von 1959 bis 1962, erscheinen mir heute wie zehn Jahre – oder wie drei Jahre Paradies. Es war die reinste, ungestörteste Theaterzeit, die ich je erlebt habe.«

Peter Zadeks Aufstieg zu einem der bedeutendsten Theaterregisseure begann in Ulm.

1967

Forschung über der Stadt

Die Universität Ulm ist eine Erfolgsgeschichte. Das gilt nicht nur für die medizinischen Fakultäten. Institute wie das Zentrum für Sonnenenergie- und Wasserstoff-Forschung entwickeln Zukunftstechnologien. Die Entstehung des Science-Parks wäre ohne sie nicht möglich gewesen.

Als sich im März 1961 erstmals der Arbeitskreis »Universität Ulm« öffentlich für die Gründung einer Hochschule aussprach, da dachte noch niemand daran, dass Verbrennungsmotoren einmal ein Problem sein würden und dringend durch andere Technologien ersetzt werden sollten. Damals stand bei den Plänen für Universitätsneugründungen für das Land Baden-Württemberg eindeutig der Mangel an Studienplätzen an den Medizinischen Fakultäten im Vordergrund. 1963 sprach sich erstmals der Ministerrat für Ulm und Konstanz als neue Standorte für »medizinische Akademien« aus.

Am 21. März 1964 setzte die Landesregierung einen Gründungsausschuss unter dem Vorsitz des Freiburger Professors Ludwig Heilmeyer ein. Im Juli 1965 hatte das Gremium seine Arbeit abgeschlossen. Was es vorstellte, war ein neues Modell für das Medizinstudium. Die Ausbildung sollte gestrafft und verkürzt werden. Ein Vorschlag, der vor allem auf den Studienplatzmangel zielte. Das Medizinstudium sollte praxisorientierter sein. Dafür sollten die angehenden Ärzte nicht nur im Hörsaal, sondern auch in den Krankenhäusern ausgebildet werden. Auch der Austausch mit der naturwissenschaftlichen Grundlagenforschung sollte intensiviert werden. Um das alles gewährleisten zu können, sollte mit dem Departementsystem eine tragfähige Organisation geschaffen werden. Ziel dieses neuen Gesamtkonzeptes war, gleichzeitig mit der Universitätsgründung eine Weiterentwicklung der medizinischen Lehre zu erreichen. Geplant wurde mit insgesamt 70 Lehrstühlen für die medizinischen und naturwissenschaftlichen Fakultäten.

Die ersten sieben ordentlichen Professoren wurden am 25. Januar 1967 bei der offiziellen Gründung der Universität Ulm ernannt. Ludwig Heilmeyer wurde ihr erster Rektor. Doch jenseits dieser Feierlichkeiten gab es eine Universität Ulm als Gebäude noch nicht. Vieles widmete man anfangs nur um. Die Städtischen Kliniken waren nun Universitätskliniken und bekamen eine adäquate Ausstattung durch den Umbau vorhandener Gebäude. Die Universitätsverwaltung residierte in der Innenstadt, die Universitätsbibliothek im Kloster Wiblingen. Erst am 14. Juli 1969 legte der Ministerpräsident den Grundstein für einen Neubau.

Mittlerweile gehört die Universität Ulm in vielen Bereichen zur Weltspitze. Dies bezieht sich nun nicht mehr unbedingt auf die Medizinische Ausbildung allein, sondern vor allem auch auf die Forschungen in Zukunftstechnologien wie umweltfreundliche Energiegewinnung und Antriebssysteme oder, im wirtschaftlichen Umfeld der Universität im Science-Park, auf Systeme im Bereich der Verkehrsmobilität, wie z. B. autonomes Fahren.

▲ Skulpturenpark der Universität Ulm. Niki de St. Phalle: Der Dichter und seine Muse.
▼ Skulpturenpark der Universität Ulm. Erwin Reiter: Die Bürger von Ulm.

1993

Vor dem Münster

Mit der Fertigstellung des Münsterturms fand ein großes Werk seinen Abschluss. Von seiner Spitze kann man in der Ferne die Alpen sehen. In der Nähe sah man lange nur auf einen leeren Münsterplatz herab, von dem leeren Münsterplatz auf einen großen Turm hinauf. So hatte man sich das nicht vorgestellt.

Dabei war der Abbruch des Barfüßerklosters vor dem Münster gewollt, damit man »das Münster dem Auge des Bewunderers ... präsentiren« konnte. Doch der Journalist, der 1874 in der Ulmer Schnellpost so in Bewunderung schwelgte, konnte sich nicht vorstellen, welche Auswirkungen das alles auf die Platzstruktur haben würde. Dabei gab es bereits zu diesem Zeitpunkt warnende Stimmen, nur nahm man sie in der vorherrschenden Euphorie nicht ernst.

Als dann 1890 der höchste Kirchturm der Welt fertig war, setzt langsam ein Umdenken ein. Natürlich war er vom Bahnhof aus in einer schönen Blickachse über die Hirschstraße herrlich anzusehen. Auch von anderen Gassen aus war sein Anblick majestätisch. Doch stand man direkt vor dem Münster, dann war es ein aus der städtischen Umgebung herausgelöstes historisches Denkmal, das alles um sich herum erdrückte. Auf dem Platz vor ihm verloren sich die Menschen in einer haltlosen Leere, wo zuvor noch das Barfüßerkloster Halt und Orientierung geboten hatte.

Zwischen 1894 und 1980 schrieb die Stadt wiederholt erfolglos Wettbewerbe aus, um diesem Missstand ein Ende zu bereiten. Nach dem Zweiten Weltkrieg verschlechterte sich die Situation noch weiter. Die Idee von der autofreundlichen Stadt, die zur Entstehung der Neuen Straße führte, machte aus dem Münsterplatz einen großen Parkplatz. Das war praktisch und daher in der Bevölkerung durchaus akzeptiert, die es im Grunde genommen auch zu keiner Änderung der Verhältnisse drängte.

Zu einer Lösung kam man erst, als man Neue Straße und Münsterplatz als zwei voneinander unabhängige Probleme behandelte. 1986 gelang der Durchbruch. Der Stadtrat definierte klare Erwartungen an eine Neugestaltung des Platzes und startete einen Einladungswettbewerb, bei dem er ausgesuchte Architekten um ihre Teilnahme bat. Von den eingereichten Vorschlägen entschieden sich die Preisrichter am Schluss mit großer Mehrheit für den Entwurf des New Yorker Stararchitekten Richard Meier.

Die Bürger wurden zum ersten Mal wirklich damit konfrontiert, dass sich auf dem Münsterplatz etwas ändern sollte. Der Verein Alt-Ulm konnte sich damit überhaupt nicht anfreunden und initiierte einen Volksentscheid. Die Abstimmung fand am 20. September 1987 statt und brachte 19 826 Nein- und 17 247 Ja-Stimmen bei einer Wahlbeteiligung von 51,7%. Für ein den Stadtrat bindendes Ergebnis wären 21 527 Nein-Stimmen erforderlich gewesen. So blieb das Entscheidungsrecht im Rathaus, wo man 1988 den von Meier überarbeiteten Vorschlag billigte. 1991, nachdem die Archäologen ihre Arbeit beendet hatten, begann man mit dem Bau des neuen Stadthauses, dem »Meier-Bau«, wie er längst im Volksmund genannt wurde. 1993 konnte es eingeweiht werden. Die Diskussion um die Gestaltung des Münsterplatzes hatte nach mehr als hundert Jahren ein Ende gefunden.

▲ Postkarte vom Ulmer Münsterplatz in den 1920er Jahren. ▼ Das neue Stadthaus steht heute an der Stelle der alten Barfüßerkirche aus dem Mittelalter.

2012

Eine neue Synagoge

Der Rassenwahn der Nationalsozialisten führte auch in Ulm zu Judenverfolgungen. Nur wenige überlebten den Holocaust. Erst nach dem Mauerfall und dem Zusammenbruch der Sowjetunion entstand durch Zuwanderung wieder eine Gemeinde. Ihren Mittelpunkt hat sie in der Neuen Synagoge auf dem Weinhof.

Ihre Einweihung am 2. Dezember 2012 in Anwesenheit des Bundespräsidenten und des Ministerpräsidenten von Baden-Württemberg war ein Festakt, der weit über die Stadtgrenzen hinaus gewürdigt wurde. Mitten im historischen Zentrum Ulms war nach einem Entwurf der Kölner Architektin Susanne Gross ein Gebäude entstanden, das nicht nur als Gotteshaus dienen, sondern auch an die Verbrechen der NS-Diktatur erinnern sollte. Seine Bauform als freistehender Kubus und in unmittelbarer Nähe zum Standort der alten Synagoge verleiht ihm den Charakter eines Mahnmales.

Die alte Synagoge war wie viele andere auch bei den Novemberpogromen 1938 in Brand gesteckt und auf Beschluss des Ulmer Stadtrates kurz danach abgebrochen worden. Und wie in vielen anderen Städten Deutschlands war auch in Ulm der 9. November nur ein vorläufiger Höhepunkt der Judenverfolgung. Bereits unmittelbar nach der Machtergreifung begannen die Schikanen und Diskriminierungen. Der Boykott jüdischer Geschäfte brachte viele an den Rand des Ruins. Selbst bedeutende Persönlichkeiten wie Julius Baum, der Direktor des Ulmer Museums, blieben nicht verschont. Er verlor schon 1933 seine Stelle. Nach dem 9. November inhaftierte man ihn für kurze Zeit in Welzheim. 1939 flüchtete er nach Bern in die Schweiz und folgte damit dem Beispiel anderer prominenter Ulmer Juden wie Ludwig Moos und Leo Kahn, die bereits 1936 Deutschland verlassen hatten. Die Zurückgebliebenen hatten kaum eine Überlebenschance. Schon 1939 wurden sie gezwungen, in sogenannten »Judenhäusern« zu wohnen, ab 1941 mussten sie den Judenstern tragen. Am 1. Dezember 1941 setzten die Deportationen nach Theresienstadt und Auschwitz ein. 200 Ulmer starben in den Konzentrationslagern. Zu den wenigen Überlebenden gehörte Kurt Fried, der 1942 ins Zwangsarbeitslager Leimbach im Harz kam und nach seiner Rückkehr nach Ulm die »Schwäbische Donauzeitung« gründete.

Ein Gemeindeleben gab es nach 1945 nicht mehr. Von den vielen Flüchtlingen und Zwangsverschleppten jüdischen Glaubens, die aus den Konzentrationslagern oder aus den osteuropäischen Ländern kamen und in den Sammelunterkünften der Stadt Zuflucht fanden, blieb niemand dauerhaft in Ulm.

Das änderte sich erst nach dem Fall des Eisernen Vorhanges. Wie im 19. Jahrhundert war die schnell wachsende Gemeinde zunächst auf ihre Improvisationskunst angewiesen und behalf sich mit der Anmietung von Räumen für Gottesdienst und Schule. Seit 2000 hat sie mit Shneur Trebnik wieder einen eigenen Rabbiner. 2008 war dann die Raumnot so groß, dass eine eigene Synagoge notwendig wurde. 2011 legte man auf dem Weinhof, keine 50 Meter vom Standort der zerstörten alten Synagoge auf der anderen Straßenseite entfernt, den Grundstein. Im Jahr der Eröffnung zählte die jüdische Gemeinde in Ulm wieder 450 Mitglieder.

Mit der neuen Synagoge hat seit 2012 die jüdische Gemeinde wieder einen Mittelpunkt in Ulm.

S5-MHY
H2FLY
H2FLY
S5-MHY

2016

Hy4

Die Mobilität der Zukunft ist elektrisch. Das gilt nicht nur für den Straßenverkehr. An der Universität Ulm denkt man die Luftfahrt mit bekannten Technologien vollkommen neu – und ist damit weiter als die Konkurrenz, die nur längst bekannte Probleme von der Straße in den Flugzeugbau mitnimmt.

Wie beim Auto ist auch beim Flugzeug nicht der elektrische Antrieb als solcher die Herausforderung, sondern die Frage, woher der Strom dafür kommen soll, um es wirtschaftlich sinnvoll einsetzen zu können. Bei rein elektrischen Flugzeugen sind Speicherkapazität der Akkus und ihr Gewicht das entscheidende Kriterium. Mit geringen Flughöhen und Reichweiten eignen sie sich nur als Flugtaxi. Von den Transportkapazitäten großer Passagiermaschinen sind sie noch weit entfernt. Bei hybriden Flugzeugen erfolgen meistens nur Start und Landung elektrisch, während beim Flug immer noch Verbrennungsmotoren zum Einsatz kommen. Ihr Nutzen liegt allein in der Reduzierung der Lärmbelästigung für die Flughafenanrainer. Die CO_2-Emission kann damit nicht nennenswert reduziert werden.

Aus diesen Gründen hat man am Institut für Energiewandlung und -speicherung der Universität Ulm einen anderen Weg eingeschlagen. Unter Professor Kallo, einem anerkannten Experten für Brennstoffzellen, setzte man von Anfang an auf Wasserstofftechnologie. Mit ihr hatte man, was Energieeffizienz und Klimaneutralität anbetraf, in der Vergangenheit in der Forschung sehr gute Resultate erzielt. Außer Wasserdampf gibt es keine Emissionen.

2014 wagte Kallo den Schritt aus dem Labor in die praktische Erprobung. Bei einem Besuch in Kalifornien entdeckte er einen passenden Flugzeugtyp, in den er seine Brennstoffzellen, den Elektroantrieb und die Wasserstofftanks integrieren konnte. Außerdem sollte der Flieger nach dem Umbau noch Platz für vier Personen bieten. In Zusammenarbeit mit dem Deutschen Luft- und Raumfahrtzentrum, dem Flughafen Stuttgart und mehreren privaten Unternehmen war das Projekt dann 2016 so weit, dass es der Öffentlichkeit vorgestellt werden konnte. Am 29. September hob das auf den Namen Hy4 getaufte Flugzeug vom Flughafen Stuttgart ab. Mit gerade einmal 1500 Kilogramm Gewicht hatte dieser Prototyp bei einer Reisegeschwindigkeit von 145 Stundenkilometern bereits eine Reichweite von maximal 1500 Kilometern. Die Höchstgeschwindigkeit lag bei 200 Stundenkilometern. Die Lärmbelästigung war beim Flug wie am Boden dank der Elektromotoren gleich Null.

2021 unterzeichneten die Forscher um Kallo und der Flugzeugbauer Dornier eine Absichtserklärung, in der sie sich die Entwicklung eines wasserstoffbetriebenen Passagierflugzeuges auf der Grundlage der Do 328 bis 2025 als Ziel setzten. Die Transportkapazität soll bei 40 bis 60 Passagieren liegen. Die Reisegeschwindigkeit soll noch verbessert werden. Da die Reichweite nach wie vor noch begrenzt bleiben dürfte, wäre die angestrebte wirtschaftliche Nutzung nur im Regionalverkehr möglich. Immerhin hätte man aber aufbauend auf den Forschungen der Universität Ulm das erste klimaneutrale Flugzeug alltagstauglich gemacht.

Hy4 auf einem Testflug über der Schwäbischen Alb. Wissen aus Ulm macht es möglich.

VITA

Martin Nestler, 1965 in Ulm geboren, studierte Geschichte, Philosophie und Klassische Archäologie. Er arbeitet als Historiker und Journalist und hat bereits mehrere Publikationen zur Stadtgeschichte Ulms verfasst.

IMPRESSUM

Sollte dieses Werk Links auf Webseiten Dritter enthalten, so machen wir uns die Inhalte nicht zu eigen und übernehmen für die Inhalte keine Haftung.

In diesem Buch wird aus Gründen der besseren Lesbarkeit das generische Maskulinum verwendet. Weibliche und anderweitige Geschlechteridentitäten werden dabei ausdrücklich mitgemeint, soweit es für die Aussage erforderlich ist.

1. Auflage 2022

Umschlaggestaltung: Björn Locke Curldesign, Nürtingen.
Layout und Satz: Silke Schüler, München.
Lektorat: Michael Raffel, Tübingen.

Printed in Slovenia by Florjancic.

ISBN 978-3-8425-2378-4

Ihre Meinung ist wichtig für unsere Verlagsarbeit. Senden Sie uns Ihre Kritik und Anregungen unter **meinung@silberburg.de**

Besuchen Sie uns im Internet und entdecken Sie die Vielfalt unseres Verlagsprogramms: **www.silberburg.de**

BILDNACHWEIS

Coverbilder: Hauptbild: Ulm, © Sina Ettmer Photography, Shutterstock; Bildleiste unten von links nach rechts: Vogelschauplan der Reichsstadt Ulm, kolorierte Tuschzeichnung, um 1597, Stadtarchiv Ulm, gemeinfrei; Bundesfestung Ulm, Blaubeurer Tor um 1900, gemeinfrei; Ulm, Kunsthalle Weishaupt, © Christian Wolf, Wikimedia Commons, CC BY-SA 3.0; Hintergrundbild: Ulm 1642, © Matthäus Merian, Topographia Sueviae, Ulm, gemeinfrei; Freisteller: Ulmer Spatz, Wikimedia Commons, © Frank C. Müller, CC BY-SA 3.0.

Landesmuseum Württemberg Stuttgart: P. Frankenstein, H. Zwietasch, CC BY-SA, S. 14, S. 17 oben, S. 21 oben; H. Zwietasch, CC BY-SA S. 17 unten, S. 21 unten links und unten rechts, Foto: Armin Buhl, Ulmer Museen, S. 65; CC BY-SA S. 73.

Martin Nestler, S. 37 oben, S. 66; S. 85 unten;

Wikimedia Commons: gemeinfrei: S. 22; S. 25; S. 26; S. 29; S. 34; S. 37 unten; S. 38; S. 45; S. 46; S. 49 unten links; S. 53; S. 54; S. 57 oben; S. 58 ; S. 66 oben; S. 61; S. 62; S. 70; S. 71; S. 74; S. 77; S. 78; S. 81; S. 88;S. 90 oben; S. 97; S. 101; S. 106; S. 113 oben; S. 86; S. 41;
Landesarchiv Baden-Württemberg, S. 94 oben und unten; S. 84 oben; Associated Press, CC0 1.0, S. 90 unten; Amrei-Marie, CC BY-SA 4.0, S. 98; Andreas F. Borchert, CC BY-SA 3.0 DE, S. 30 oben; Andreas Praefcke, CC BY 3.0, S. 49 unten rechts; Andrzej Otrebski, CC BY-SA 4.0, S. 6; Franzfoto CC BY-SA 3.0, S. 50 oben und unten; Garry A. Baratta CC BY-SA 3.0, S. 5, CC BY-SA 3.0, S. 105 unten; Gerd Eichmann CC BY-SA 4.0, S. 105 oben; H2Fly GmbH, frei zur Nutzung, S. 118; Hier CC BY-SA 4.0, S. 18; Holger Uwe Schmitt CC BY-SA 4.0, S. 69; Joachim Köhler, CC BY-SA 4.0, S. 42 oben; José-Manuel Benito, CC BY-SA 2,5, S. 11; Kamahele CC BY-SA 3.0 DE, S. 113 unten; Kunstlerbob (Robert Bauer) CC BY-SA 3.0, S. 113 oben; Maimaid, CC BY-SA 4.0, S. 33; Marcel Vogt, CC BY-SA 4.0, S. 109; Peter Berger CC BY-SA 3.0, S. 113 unten; Ramessos; CC BY-SA 3.0 de, S. 10; Ricardalovesmonuments, CC BY-SA 4.0, S. 30 unten; Richard Mayer, CC BY 3.0, S. 117; Rufus46 CC BY-SA 3.0, S. 42 unten, CC BY-SA 3.0, S. 49 oben, CC BY-SA 3.0, S. 57 unten; Schlaier CC BY-SA 3.0, S. 102; Thilo Parg, CC BY-SA 3.0, S. 13 unten; Tilman2007, re-darkened by Ulamm, CC BY-SA 3.0, S. 9; TiTiLeaA, CC BY-SA 4.0, S. 7; Ulmer Museum, Schwäbische Alb Tourismus, S. 13 oben; Uoaei1 CC BY-SA 4.0, S. 93; waytofamous frei, S. 110; Ws-KuLa CC BY-SA 3.0, S. 82.